Contes paniques

Titre original :
El tesoro de la sombra

ISBN 10 : 2-914916-83-3
ISBN 13 : 978-2-914916-83-7

Alejandro Jodorowsky

Contes paniques

Traduit de l'espagnol (Chili) par
Alex et Nelly Lhermillier

le Relié

Du même auteur

Le Paradis des perroquets, Flammarion, 1984
La Tricherie sacrée, Dervy, 1989, rééd. 2004
Le Théâtre de la guérison, Albin Michel, 1995
L'Arbre du dieu pendu, Métailié, 1996
Le Doigt et la Lune, Albin Michel, 1997
L'Enfant du jeudi noir, Métailié, 2000
Albina et les hommes chiens, Métailié, 2001
L'Échelle des anges, Le Relié, 2001, Albin Michel, 2004
L'Opéra panique, théâtre, Métailié, 2001
La Danse de la réalité, Albin Michel, 2002
Dire ne suffit pas - No basta decir (poésie - bilingue)
Le Veilleur Éditions, 2003
Un évangile pour guérir, Le Relié, 2003
Le Dieu intérieur, Le Relié, 2004
La Voie du Tarot (en collaboration avec
Marianne Costa), Albin Michel, 2004
Le Chant du Tarot, Le Relié, 2004
Mū, le maître et les magiciennes, Albin Michel, 2005

Prologue

Avant de mourir, un commerçant fait faire une sculpture en bronze le représentant et consigne dans son testament : « Vous trouverez un trésor enterré à l'endroit où se projette l'ombre de ma statue. » Pendant toute une année, à chaque heure du jour, ses enfants creusent la terre. Mais à mesure que le soleil tourne dans le ciel, l'ombre indique des points toujours différents. La recherche est infructueuse jusqu'à ce qu'un jour, à midi exactement, un domestique astucieux ouvre le socle à coups de marteau et trouve le trésor... Inspiré par cette histoire, nous avons tenté de nous exprimer avec le maximum de brièveté.

La connaissance

Il se trouvait au milieu d'un désert. Il regarda vers la droite et un arbre surgit à sa gauche. Il tourna la tête vers la gauche ; l'arbre disparut pour croître à sa droite. Il jeta un coup d'œil en arrière, l'arbre apparut devant lui. Il regarda en avant, l'arbre poussa derrière lui. Il ferma les yeux pour voir s'il le portait en lui. Il devint cet arbre.

La vision de l'élu

« Et Jéhovah apparut à Abram… » Abram vit Dieu. C'est-à-dire qu'il ne vit rien d'autre que ce qu'il voyait d'ordinaire. Sauf qu'il prit conscience que ce qu'il voyait – paysage, animaux et personnes –, en fait, c'était Dieu.

Le voyant

Tous les jours, à midi, une pierre tombe du ciel sur sa tête. Il en est venu à croire que c'est lui qui produit ce phénomène, car soixante secondes avant midi il dit : « J'ordonne que dans une minute une pierre tombe du ciel et me brise la tête. »

Théorie erronée

Un philosophe qui ne pouvait se déplacer parce qu'il marchait sur sa barbe se coupa les pieds.

Fol idéal

Un archer voulut chasser la lune. Nuit après nuit, sans repos, il lança ses flèches vers l'astre. Les voisins commencèrent à se moquer de lui. Imperturbable, il continua à lancer ses flèches. Jamais il ne tua la lune, mais il devint le meilleur archer au monde.

Méthode pyramidale

Il empaqueta des excréments, se mit en quête de gens naïfs et les convainquit d'acheter ce produit pour le vendre à leur tour en exposant à leurs futurs clients les arguments par lesquels lui-même les avait persuadés. Ce système créa d'innombrables revendeurs, jusqu'à ce que l'insalubrité du produit provoquât une infection qui les extermina tous.

Intelligence

On le condamna à être pendu. Il demanda qu'on lui offrît une paire de souliers en plomb.

Désir accordé

Il dit : « Dieu, fais que je ne possède rien qui ne soit mien… » Et il se volatilisa !

Veillée funèbre

La bière d'un mort se plaignait amèrement : « Il n'est pas facile d'être cercueil : celui qui nous fabrique ne nous aime pas, celui qui nous achète ne nous utilise pas et celui qui nous utilise ne nous voit jamais ! »

Dernier soupir

Que la mort soit ma chienne.

La rupture

… Et après l'avoir regardée pour la dernière fois, il se rendit compte qu'il l'avait regardée pour la première fois.

La rencontre

Très tôt, le matin, il vit venir quelque chose au loin. D'abord il pensa que c'était une bête féroce ; puis que c'était un homme, sûrement un assassin. À mesure que l'étranger s'approchait il crut voir un voisin, un ami, un frère, jusqu'à ce qu'enfin, à midi, il s'aperçût que c'était son ombre.

La liberté

L'arbre décida de voyager. Lorsqu'il parvint à se détacher de la terre, il constata que ses branches étaient des racines célestes.

Surprise

Cette nuit-là, le voleur était heureux. La maison dans l'obscurité n'était pas gardée. Il força la porte, entra et remplit son sac de trésors. Il partit en courant sans regarder derrière lui. Lorsqu'il fut hors d'atteinte, il tourna la tête… et s'aperçut qu'il avait cambriolé sa propre maison.

L'au-delà

Soudain, tandis qu'il gigotait violemment, il se rendit compte que son cercueil était un œuf.

La dernière odyssée

Ils partirent à la recherche de la Vérité. Ils trouvèrent celui qui à cet instant rêvait d'eux.

Art martial

Un jour, on demanda à un guerrier invincible pourquoi il avait un air si humble lorsqu'il se promenait dans les rues. Il montra sa main tendue et dit : « Mes doigts sont cinq seigneurs. Ces cinq seigneurs s'inclinent devant moi. » Il ferma peu à peu sa main jusqu'à ce qu'elle prît la forme d'un poing. « Plus ils se font humbles, plus ils me donnent de force.

L'archer

Maintes et maintes fois le corps de l'archer est traversé par des flèches. Il prend conscience de sa véritable identité : il est la cible.

Le trésor

Il possède, gardé dans une forteresse sans fenêtres, un immense trésor. De temps à autre, rarement, il va le regarder. Avec une petite lampe il entre dans l'une des nombreuses pièces obscures pleines d'objets précieux pour n'éclairer que deux ou trois d'entre eux. Il repart satisfait en murmurant : « Aujourd'hui je me suis enrichi. »

Délire de persécution

Un insensé ne cessait de se plaindre de ce que les traces de ses pas le suivaient. Au lieu de rester immobile, il continua à fuir jusqu'à tomber mort d'épuisement.

Délire de grandeur

Un plâtrier porte un Christ qu'il va livrer dans une église. Dans la rue, comme les gens se prosternent sur son passage, il s'imagine qu'ils rendent hommage à sa personne. Il se sent divin.

Il casse la sculpture et ouvre les bras. Il ne comprend pas pourquoi on lui jette des pierres.

Adam, poète

Il voulut dire « feu », une flamme sortit de sa bouche. Avec terreur il dit « abeilles », il vomit un essaim. Désormais plus prudent, il murmura « blé », sa langue se couvrit de graines. Il fut tenté de dire diamants, perles, or, mais ces mots se mêlèrent à tarentules, tigres, excrément. Après des heures de silence, concrétisant ses rêves, il s'exclama : « Ève ! » Une douleur atroce frappa ses mâchoires, sa bouche s'ouvrit, de plus en plus béante. Tandis qu'une tête pourvue d'une abondante chevelure commençait à apparaître, brisant ses dents, il perdit peu à peu le souffle, puis la conscience. Le corps de la belle, formée des os et de la chair de ce premier homme, jaillit de la peau vide.

Le paresseux

Sachant qu'il était né pour donner le jour à un papillon, tandis que ses congénères s'enfermaient dans de laborieux et sombres cocons, le ver se mit à sauter aussi haut qu'il put, croyant ainsi faire pousser ses ailes plus facilement.

Genèse

D'effet en effet, Dieu parvint enfin à produire une cause, qui aussitôt prit sa place.

Qualité et quantité

Il ne tomba pas amoureux d'elle mais de son ombre. Il allait lui rendre visite à l'aube, quand sa bien-aimée était la plus longue.

Le parfum des yeux

Les abeilles ne cessaient de le poursuivre, essayant apparemment de lui piquer les yeux. L'essaim volait autour de ses paupières que, pendant l'attaque, il gardait bien closes. « Je suis malade, mes yeux sécrètent une substance qui les attire ! », se dit-il, et il s'en fut voir un vieil oculiste. Le savant l'examina, très surpris. « Au lieu de globes oculaires, vous avez des fleurs ! Ce sont deux roses blanches ! — Alors, les abeilles ne veulent pas y enfoncer leur dard ? — Non, mon garçon. Elles veulent juste boire le nectar de tes larmes ! — Y a-t-il un remède à cela ? — Cesse de te croire malade ! Va parfumer le monde de ton regard ! »

Fête inattendue

Le cadavre décapité lança des feux d'artifice par l'orifice de son cou.

Rêves de grandeur

Ils mirent des siècles à construire une cathédrale. Lorsqu'ils l'achevèrent ils crurent qu'ils allaient trouver Dieu à l'intérieur. Ils le cherchèrent en vain pour finalement s'apercevoir qu'Il n'était pas dans la forme du sanctuaire mais dans les pierres de ses murs. Ils abandonnèrent l'imposante construction et commencèrent à adorer un caillou.

Être et paraître

Cette ombre travailla vaillament la plus grande partie de sa vie, se privant de luxes et de plaisirs. Elle réunit enfin la somme dont elle avait besoin pour s'acheter un corps de chair et d'os. Avec une grande fierté elle le colla à ses pieds et l'obligea à faire toutes sortes d'activités inutiles, juste pour le plaisir d'exhiber son bien devant les autres ombres qui, fatiguées de trimballer leur corps depuis tant d'années, le déplaçaient selon un modèle de gestes banals et faciles à exécuter.

De profundis

Le coup de poignard ne le blessa pas lui, mais son ombre. Surmontant son désir de se replier, elle le suivit, accablée de douleur, à travers le monde entier. Mais, ayant perdu de son agilité, elle entrava ses pas. Lui, d'une cruelle secousse, détacha sa fidèle suivante et s'éloigna, secondé par une nouvelle. La vieille ombre, abandonnée dans un coin, se recroquevilla autour de la douloureuse cicatrice, qui peu à peu se transforma en une perle.

Dangers de l'enseignement

Bouddha prêchait devant ses disciples pleins de révérence, les pieds appuyés sur un tigre endormi. Soudain, la bête ouvrit les yeux. Alors Bouddha, n'étant que le rêve de l'animal, s'effaça. Le tigre gourmand dévora tous les moines.

Le ciel des autres

Par un gris après-midi d'automne, une mouche bleue volait, ayant l'impression d'être le ciel tout entier. Les autres se moquèrent de la vaniteuse à qui mieux mieux ! Honteuse, elle se cacha dans les ordures. Cependant, quand vint la nuit, son petit corps se remplit d'étoiles.

Le vrai miracle

Un homme s'habilla en Christ, grimpa sur un arbre et appela à grands cris les habitants du village, leur annonçant qu'il était le fils de Dieu et qu'il allait faire des miracles. « Je vais sauter d'ici et voler comme un aigle. » Il sauta, tomba à terre et se brisa une côte. Les villageois l'insultèrent, le traitant d'imposteur. Se levant péniblement, il leur dit : « Si vous aviez eu foi en moi, je volerais. » Ils lui répondirent : « D'abord tu voles, ensuite nous croirons en toi... » Un perroquet qui passait par là entendit la discussion. Il dit : « Bien que personne ne croie en moi, je vole. Et bien que je vole, personne ne croit en moi... » Mais les villageois, occupés à jeter des pierres au Christ, ne lui prêtèrent aucune attention.

Pèlerin intérieur

Il se dit adieu en pleurant... et vint lui-même s'accueillir au bout du chemin.

L'erreur

Lorsqu'il se rendit compte que sa femme errait dans les rêves d'un autre, utilisant le crochet de l'habitude, il se mit à pénétrer dans son corps comme un voleur.

Happy end

Lorsque vient son heure de mourir, il va se perdre au milieu de la foule en fête. Sans que personne s'en aperçoive, les pieds des couples qui dansent l'enterrent dans la boue.

Des yeux qui ne voient pas…

Un insensé, voyant un saint homme marcher dans la nuit et éclairer le chemin avec de grandes difficultés pour ne pas tuer les fourmis qui le traversaient, lui dit : « Oh ! vertueux homme, je peux régler ton problème : éteins ta bougie, marche dans l'obscurité et tu n'auras plus de remords ! »

Crime passionnel

Lorsque sa bien-aimée s'enfuit avec un autre, une profonde blessure s'ouvrit dans son corps, du cou jusqu'au nombril. Il supporta la douleur jusqu'à ce que la lésion fût cicatrisée. La femme, repentie, revint à ses côtés. Il arracha sa cicatrice et, s'en servant comme d'une épée, il lui coupa la tête.

Le chercheur

Depuis qu'il a l'usage de la raison, mangeant et dormant à peine, il ne cesse de fouiller dans les archives. Il sait que ses ancêtres ont perdu un document qui explique le sens de la vie. Il meurt sans l'avoir trouvé, et sans avoir vécu.

Amour fou

Il s'immola sur un bûcher afin que sans lui, enfin, elle pût être.

Le virus

Sainte Mère de Dieu, guéris mon enfant. Il reste toujours en l'air et refuse de toucher terre. Il flotte dans la maison comme un ballon de baudruche, ce qui est gênant pour les visiteurs, car à tout moment il peut uriner sur leurs chapeaux ou tacher leurs vêtements de quelque chose d'encore pire. Il fait des miracles stupides, multipliant les araignées et les rats. De plus, il sent fort mauvais, car il est impossible de le laver : il ne veut pas entrer dans l'eau et insiste pour se tenir debout à la surface. Hier, il a rendu la vie à un poulet rôti. Sans plumes ni tête, ce dernier erre à présent de-ci de-là, se cognant aux meubles, poursuivi par les chats. Rends-le normal, Vierge adorée, afin qu'il ne rende plus la vue à tant d'hommes lubriques ! Ces anciens aveugles collent leurs nouveaux yeux protubérants aux vitres de ma fenêtre, se faisant plaisir avec leurs mains lorsque, le soir, j'enlève mes jupons. Et aussi, lorsque nous nous sommes plaints de la sécheresse, il a fait pleuvoir sur les salines. Et ce qui est pire, Mère immaculée, pendant la communion il a changé les hosties en saucisses pour nourrir les va-nu-pieds. Je t'en prie, guéris-le, Petite Vierge si bonne, débarrasse-le du virus de la sainteté !

La liberté

À côté de son chemin, mille autres chemins s'offraient à l'homme libre. Il aurait pu choisir n'importe lequel d'entre eux, mais il ne le fit pas. Il continua sur le même chemin.

Un philosophe

Il se promène dans la nuit avec un projecteur de cinq mille watts, essayant de saisir l'énigme de l'ombre.

Suicide manqué

Fatigué de la vie, l'immortel se trancha les veines. Bien qu'il se vidât de tout son sang, il ne mourut pas. Maintenant, où qu'il aille, son sang le suit, telle une ombre rouge.

La solution parfaite

L'usine projetait une fumée pestilentielle qui infestait tout le village. Les habitants, las de supporter la puanteur, envahirent la route nationale en brandissant des pancartes de protestation. Les autorités se virent obligées de les écouter, mais déplacer cette industrie ou la fermer, comme ils l'exigeaient, entraînerait d'énormes pertes pour le gouvernement. Le ministre de l'Économie trouva la solution idéale : au moyen d'une simple opération du nez de tous les villageois, il fit supprimer leur odorat.

La note suprême

Une chanteuse d'opéra tenta inutilement d'émettre la plus belle note musicale. Ses efforts furent si grands que son cœur éclata. Plus tard, son cadavre produisit un chœur de vers qui entonnèrent sans difficulté la note recherchée.

Problème-solution

— Maître, comment changer ? J'aimerais toujours faire la même chose !

— Idiot, tu fais toujours la même chose : tu changes sans arrêt.

Le retour

Affamé, il trouva quelques os complètement secs. Désespéré par la faim, il se jeta sur eux et se mit à les ronger. Il rogna nuit et jour sans que jamais la moelle ne s'épuise. Repu, il voulut se frotter le ventre, mais ne le trouva pas. Il s'aperçut qu'il était l'esprit d'un mort et que ces os étaient son propre squelette.

Malchance

Cheminant dans la forêt, il tombe sur un lion endormi. S'agenouillant devant lui, il murmure : « Je t'en prie, ne me mange pas. » La bête continue à ronfler. Cette fois il crie : « Je t'en prie, ne me mange paaaaas ! » L'animal fait la sourde oreille. Tout tremblant, il lui ouvre les mâchoires et approche son visage des canines pour crier à nouveau sa prière. Inutile. La bête ne se réveille pas. Hystérique, il commence à lui donner des coups de pieds sur l'arrière-train : « Ne me mange pas ! Ne me mange pas ! Ne me mange pas ! » Le lion se réveille, bondit sur lui et, furieux, se met à le dévorer. L'homme se plaint : « Je n'ai vraiment pas de chance ! »

Cauchemar

Le vieux sage se réveilla en hurlant. Il avait rêvé que la réalité était réelle.

Psychomagie

Pendant vingt-huit jours elle porta dans son vagin le portrait de son père. Elle l'en sortit au moment de ses règles. Le cylindre ressemblait à un havane rouge. Par courrier elle l'envoya à sa mère avec un message de quatre mots : « Je te le rends. »

Possédé

L'homme qui se sentait inhabité finit par se rendre compte qu'il était habité par un homme qui se sentait inhabité.

La dernière graine

La terre était couverte d'une couche de plastique gris qui s'étendait depuis le sommet des montagnes jusqu'au fond des mers. Un jour, dans un coffre oublié pendant des siècles, quelqu'un découvrit une graine, la dernière existant encore sur la planète. Il courut dans les rues lisses pour la montrer comme s'il s'agissait d'une lampe. Les ordinateurs donnèrent l'alarme. Un robot géant détecta l'exalté, en quelques secondes il fut auprès de lui et leva une botte de plusieurs tonnes qui l'écrasa. Le corps, réduit en bouillie, traversa la couche protectrice et s'enfonça dans la terre. Des véhicules spéciaux couvrirent le trou en crachant du plastique gris et la fourmilière retourna à son activité incessante. Cependant, parmi les restes de l'homme, sous la froide superficie, la graine germa. Bientôt la terre fut pleine de racines. De puissants végétaux, dans une invasion incontrôlable, firent éclater l'écorce et envahirent les villes. Les hommes recouvrèrent la mémoire.

Un lâche

Pour se cacher de son ennemi, il marcha toute sa vie derrière lui.

Conte de fées

Une grenouille portant une couronne sur la tête dit à un monsieur : « Embrasse-moi, je t'en prie. » L'homme pense : « Cet animal est ensorcelé. Peut-être va-t-il se changer en belle princesse, héritière d'un royaume. Nous nous marierons et je serai riche. » Il embrasse la grenouille. À l'instant il se retrouve transformé en un crapaud visqueux. Heureuse, la grenouille s'exclame : « Mon amour, il y a si longtemps que tu étais ensorcelé, mais j'ai enfin réussi à te délivrer ! »

Inversement proportionnel

Un monsieur met toute son énergie à collectionner des tas d'objets. Un autre décide d'éliminer ceux qu'il possède. Lorsqu'il ne lui reste plus d'objets matériels, il entreprend d'éliminer mouvements, idées, souvenirs, sentiments, qu'il considère inutiles. Il atteint une complète immobilité. Le collectionneur le récupère pour l'entreposer dans une grande armoire, auprès de ses autres objets.

Personne ne sait pour qui il travaille

On raconta à Abdul qu'un éclair allait tomber dans une oasis du désert et qu'il transmettrait l'éveil à celui qui s'y trouverait. Abdul s'assit et attendit. Les heures passèrent, les jours, les mois, les années, jusqu'à ce que, désespéré, il s'exclame :

« Quel idiot je fais ! C'était un mensonge ! Jamais un éclair ne tombera ici ! » Il monta sur son chameau et revint à la ville. Un paria s'assit pour manger les restes qu'Abdul avait laissés ; à ce moment, un éclair tomba qui lui transmit l'éveil.

Le fugitif

Lorsque l'énorme requin blanc s'approcha de lui, il s'enfuit à la nage. « Au secours, il veut me dévorer ! » De ce jour, chaque fois que le pêcheur se jetait à la mer pour aller chercher ses huîtres, l'animal le poursuivait. Et ainsi pendant des années, partout, à toute heure. Le pêcheur vieillit. Un matin, alors qu'il travaillait sous l'eau, de nouveau le monstre s'approcha de lui. Le vieil homme usa ses dernières forces dans la fuite. Agonisant, voyant qu'il ne pouvait atteindre la plage, il fit la planche dans l'eau. Le requin approcha son horrible museau, sortit la langue et déposa un anneau d'or serti d'une grosse perle sur sa poitrine. Avant de s'en aller il lui dit : « Comme tu n'as jamais tué inutilement un animal marin, le Roi de la mer m'a envoyé te remettre cet objet magique. Tu peux lui demander tout ce que tu veux, il te l'accordera. Dommage que tu n'aies pas voulu l'accepter plus tôt. »

Unité de mesure

Un danseur boiteux ouvrit une académie de danse. Il obligea alors ses élèves à s'attacher une jambe en la repliant par derrière, sous prétexte que la danse bipède était horrible.

Amour filial

« Tu es à moi et si je le veux je te brise », lui disait sa mère. Lorsqu'elle mourut, il sentit un coup dans sa poitrine, son corps de pantin tomba à terre, en miettes, et il se retrouva seul, devenu un homme de cinquante ans.

Le bouffon

— Maître, ce qu'il y a de plus beau dans le monde, c'est la différence. Je crois que c'est pour ça que Dieu se désespère : tout est pareil à Lui.

— Heureusement pour Lui, tu es là, toi qui ne Lui ressembles en rien.

La cage

Il voulut avancer, il heurta un mur invisible. Il voulut reculer, la même chose lui arriva. Il tâta en haut, en bas, sur les côtés : il était enfermé dans une cage de verre. Il donna des coups sans jamais perdre espoir, insistant à maintes reprises au même endroit, jusqu'à ce qu'il entende un craquement et puisse traverser de son poing la surface froide. Il s'ouvrit un passage et, enfin, se retrouva à l'extérieur. Heureux il avança, souriant, libre, mais se cogna le front contre un mur invisible. Il se trouvait dans une autre cage ! Il pensa, pour se consoler : « Au moins elle est plus grande et elle grandit ! Elle grandira tellement qu'un jour elle disparaîtra ! » Mais la cage ne grandissait pas : le monsieur rapetissait peu à peu.

Dedans dehors

Il traversait le désert. Il ne savait pas si le corps qui le portait était le sien. Il n'avait pas besoin de lui donner des ordres : il avançait en ligne droite, faisant des pas réguliers, toujours au même rythme. L'étendue de sable atteignait l'horizon. Il sentait sa gorge sèche et sa langue gonflée, mais cette douleur n'était pas la sienne. Il s'était brusquement réveillé dans un organisme étranger qui marchait nu dans le désert. Peut-être, en se rendormant, parviendrait-il à s'échapper. Il essaya. Impossible. Il voulut faire cesser les pas. Il n'y parvint pas non plus. De toutes ses forces, il se concentra jusqu'à devenir aussi petit qu'un atome, afin d'avoir de moins en moins de contact avec cette prison de chair. Et il réussit. Après avoir parcouru bien des kilomètres, le corps éternua. Il fut expulsé par le nez. Des milliards de mètres cubes de sable l'engloutirent. À présent, sa prison était ce désert infini, plat, sans végétaux, sans animaux, qu'un seul corps humain parcourait en ligne droite.

Conservateur

Il s'acharnait à empaqueter un éléphant vivant, mais le pachyderme brisait toujours le papier. Lorsqu'on lui suggérait de tuer l'animal, il objectait qu'ainsi il allait pourrir et que lui, il voulait garder le paquet toute sa vie.

Absence

— Maître, où est Dieu ?

— Ici même.

— Où est le paradis ?

— Ici même.

— Et l'enfer ?

— Ici même. Tout est ici. Le présent, le passé, l'avenir sont ici même. Ici est la vie et ici est la mort. C'est ici que les contraires se confondent.

— Et moi, où suis-je ?

— Tu es le seul qui ne sois pas ici.

Propriété privée

L'enfant tient dans ses mains un verre d'eau qu'il ne veut pas donner. « Il est à moi ! », dit-il. Son grand-père, qui apporte un grand pot rempli du précieux liquide, lui sourit : « Prête-moi ton verre.
— Bon, mais rends-le moi vite. » Le vieil homme verse le contenu du verre dans son pot à eau et le pose devant son petit-fils : « Si tu me dis quelle eau est la tienne dans celle-ci, tu peux l'emporter. »

Nostalgie

Comme il reculait, il croyait revenir, mais en réalité il avançait de dos.

Le prisonnier

Il essaya de se construire une prison, les murs se fissurèrent, le toit s'écroula, les barreaux se brisèrent. Il voulut mettre des menottes à ses poignets, la serrure s'oxyda, le métal tomba en poussière. Il s'attacha avec des cordes, celles-ci pourrirent. Cependant, luttant inutilement pour maintenir debout les décombres, il criait : « La liberté n'existe pas ! »

Les araignées sans mémoire

Nul ne sait pourquoi les araignées oublièrent comment tisser leurs toiles. Elles devinrent très actives, leurs pattes se fortifièrent et elles apprirent à creuser des galeries sous terre. Mais cette vie obscure ne leur convenait pas. Elles sentaient une inexplicable démangeaison dans les pattes et faisaient continuellement des gestes de tisseuses. Elles se mirent à fabriquer des toiles qui n'étaient ni rondes, ni collantes, ni transparentes, et ne pouvaient prendre les insectes au piège ; avec orgueil elles les appelèrent « Arcanes ». Elles les accumulèrent peu à peu dans des musées, puis dans des temples. Soudain, une araignée retrouva la mémoire et, dans un coin du tunnel central, se mit à tisser une toile ronde, collante, transparente. Les autres araignées firent un grand esclandre, elles détruisirent cette « aberration » et emprisonnèrent la citadine pour avoir osé polluer la ville.

Grand ego

C'était un gourou obstiné : chaque fois qu'il mourait il se réincarnait en son propre cadavre.

La deuxième visite

Il fit sortir des colombes de son chapeau haut de forme sans être prestidigitateur. Afin qu'on ne l'assassine pas, comme il lui était impossible de vivre sans faire de miracles, le nouveau Messie s'était déguisé en magicien de cirque. Le public acceptait qu'il transforme l'eau en vin et multiplie des poissons et des pains, parce qu'il croyait que c'étaient des tours de magie.

Couple idéal

Il y avait une femme qui vivait déguisée en femme et un homme qui vivait déguisé en homme. Lorsqu'ils se rencontrèrent, ils crurent à cette comédie et formèrent un couple. Le faux homme et la fausse femme, en faisant des efforts extraordinaires, parvinrent à un engourdissement qu'ils appelèrent bonheur. L'homme et la femme véritables n'arrivèrent jamais à se connaître.

Les reliques

Le saint mourut et il ne se décomposa pas. On lui coupa un pied, la langue, on prit son pancréas et plusieurs os, et on envoya ces reliques dans divers temples. Le cadavre commença à sangloter, sempiternellement. Cette plainte devint si intense qu'on finit par ne plus entendre les sermons et les messes. On se vit obligé d'aller d'église en église pour tenter de récupérer les morceaux, ce qui fut à l'origine de véritables batailles, car les fidèles refusaient de rendre des restes si vénérés. Au milieu d'une bagarre, le pancréas tomba par terre et fut dévoré par les chiens. Le cadavre imputrescible ne put être complété. Ainsi mutilé, il continua à se lamenter. On le bâillonna, mais ses intenses murmures firent trembler les murs. On finit par l'habiller en diable et par le mettre à l'entrée du temple, enchaîné sous le pied dominateur d'une Vierge de pierre. Les croyants, en entrant, lui lançaient des insultes et des ordures.

Le secret du vin

La terre avala le sang d'Abel, le garda dans ses entrailles et, après le déluge, en fit la vigne. Noé fabriqua le vin et en le buvant assimila le secret de la victime. Dans son ivresse il découvrit le plaisir de la mort, qui est la caresse de Dieu.

Patient

Un homme, en excellente santé, commença à avoir peur d'attraper une maladie des bras. Il s'en fut consulter un médecin. Celui-ci, après de longs examens, conclut : « La seule chose que je puisse faire pour qu'ils ne soient jamais contaminés, c'est de les couper ! » Ce qu'il fit. Quelque temps plus tard, le manchot se mit à avoir peur que ses jambes tombent malades. Le médecin suggéra de nouveau, comme méthode préventive, l'amputation. Transformé en homme tronc, en proie à une horrible terreur d'attraper une maladie des viscères, il retourna en consultation. Le chirurgien lui coupa la tête, il la connecta à une machine pleine d'organes artificiels et incinéra le reste de son corps. Ainsi, sans craindre d'attraper des maladies, il se sentit heureux… Jusqu'à ce qu'un jour le médecin l'entende pleurer. Lorsqu'il l'interrogea sur la cause de son chagrin, la tête répondit : « J'ai envie de me rouler tout nu dans l'herbe ! »

L'espion

Où qu'il allât, il l'y trouvait. Il se lassa que Dieu fût toujours en train de le surveiller. Il avait besoin d'avoir un peu d'intimité. Comment ? « Je vais peu à peu me rendre transparent, jusqu'à ce qu'il ne puisse plus me voir. » Il cessa de penser, de sentir, de se souvenir… Inutile ! Il était toujours là en train de le regarder. Il arriva à la conclusion que la seule intimité qu'il pouvait avoir consistait à ne pas être. Il disparut. Dieu aussi.

Élève des chiens…

Carmen et Juan formaient un couple généreux, sans enfants, qui aimait les animaux. Par une froide soirée d'hiver, un chien s'approcha pour leur quémander de la nourriture. Ils le prirent en pitié et lui donnèrent un abri. Trois de plus arrivèrent. Ils les recueillirent aussi. Ils adoptèrent peu à peu tous les chiens errants qui passaient par là. Ils en eurent jusqu'à cent. Leurs amis cessèrent de venir leur rendre visite parce que les réunions, avec tant d'animaux pelotonnés, devenaient franchement désagréables. Juan et Carmen dépensèrent tout leur argent en aliments pour chiens. Ils durent emprunter pour pouvoir nourrir ces bêtes qui ne cessaient de se reproduire. Un beau jour le couple, couvert de dettes, se retrouva sans rien à manger, ni pour lui ni pour la meute. Ils jeûnèrent. Les chiens, affamés et furieux, les dévorèrent.

Y a-t-il une seule mère ?

Le fils de la schizophrène a eu sept mères.

La bûche ne fait pas le maître

Il pleut à verse. Un chien errant, tremblant de faim et de froid, s'abrite sous un porche. Un fermier arrive en courant d'une boutique proche, les bras chargés de bois sec. Il donne un coup de pied à la porte. Sa femme ouvre et le laisse entrer. Le chien observe la scène. Croyant comprendre, il se précipite vers la boutique, prend une bûche, revient en traînant ce trophée et frappe à la porte avec ses pattes de devant. La femme sort, lui arrache la bûche et le chasse à coups de balai !

Le restaurant des corbeaux

Les corbeaux décidèrent d'ouvrir un restaurant pour y vendre leur mets préféré : du fromage. Ils construisirent un berceau de verdure, taillèrent à coups de bec des assiettes en bois, volèrent le lait des vaches et croassèrent pour annoncer le goûter. L'endroit s'emplit d'animaux qui salivaient en attendant le fromage. Dans la cuisine, les corbeaux mirent le lait à cailler, battirent, pressèrent, passèrent jusqu'à obtenir la précieuse pâte. Tous voulurent y goûter ! La moitié de la production passa dans la dégustation. Le reste fut divisé en parts égales pour que chacun la remît au client qu'il devait servir. Entre la cuisine et la salle à manger, ils ne purent s'empêcher d'engloutir un morceau, un autre, un autre encore. À la fin ils ne déposèrent sur les nappes fines que des assiettes vides. Les clients, affamés, détruisirent le local.

La foi

Sur une plage lointaine, un indigène vivait de la pêche. Fatigué de sa misérable solitude, il emplit un panier d'oursins et s'en fut le vendre au village le plus proche. Il marcha si longtemps qu'il arriva alors qu'il n'y avait plus de clients sur le marché. Épuisé par son effort, il s'endormit à côté de son panier. Un homme à la peau mate, fort bien vêtu, le réveilla en lui offrant une pièce pour sa pêche. Une étrange femme à la longue chevelure verte l'accompagnait. « Ami, la chevelure de ta compagne est bien étrange ! — Plus étrange est son cœur, également vert ! — Où naissent des femmes aussi merveilleuses ? — Dans la grotte des sorciers, derrière ces montagnes. Celui qui épouse l'une d'elles atteint, comme moi, le bonheur et la prospérité. — Je trouverai moi aussi une femme comme celle-ci !... » Et l'indigène partit escalader les montagnes. Il chercha la grotte pendant des années, mais jamais il ne la trouva. Déçu, il retourna sur sa plage pour y vivre nu au milieu des rochers. Un jour, il vit une femme descendre de la montagne. Elle avait une chevelure verte ! « Les sorciers m'envoient parce que tu as tout abandonné pour moi. Je t'appartiens. » Il grommela : « La couleur de tes cheveux n'est pas réelle, tu les as teints. Sûr que ton cœur est rouge ! Je vais te démasquer ! » Et il lui plongea son couteau entre les seins pour ouvrir un sillon et extraire son cœur. Il était vert ! Il cria : « J'ai retrouvé la foi ! Tu me feras connaître l'amour et gagner la prospérité ! » Mais il était trop tard, la femme était morte.

Aucun être ne sait dans quel but il travaille

La porte était fermée par sept cadenas. Il lui semblait impossible de l'ouvrir. Fabriquer la première clé lui donna beaucoup de mal. Par une étrange volonté, par idéalisme, par angoisse, ou par quoi que ce soit d'autre, il continua à chercher les autres clés et, avec des difficultés qui auraient pu miner sa santé, il ouvrit les autres serrures. Il rassembla ses dernières forces et poussa la porte. Elle s'ouvrit, laissant surgir un fleuve de clés qui l'emporta, cahotant, dans son courant.

L'attention

On dit à Abdul de regarder fixement le ciel, car, l'espace d'un court instant, une porte allait s'ouvrir et celui qui la verrait pourrait entrer au paradis. Abdul leva la tête et attendit, les yeux grands ouverts. Au bout de trois heures, fatigué, il baissa les paupières pendant une seconde. À ce moment précis la porte s'ouvrit, et se referma. Abdul revint à la ville, persuadé qu'on lui avait raconté des bobards.

La fin d'un noble métier

Dans ce lointain royaume, les fakirs hypnotisaient des cobras et gagnaient leur vie en les faisant danser. Le prince, enfant imprudent, essaya de les imiter, mais les reptiles le mordirent, lui ôtant la vie. Le roi donna l'ordre de pendre tous les fakirs.

Soupçons

— Peut-être me trompe-t-elle, Maître. Je suis jaloux.

— En fait, tu as peur qu'un autre homme donne à ta femme ce que tu ne peux lui donner.

L'impossible rencontre

S'il court derrière la lune, elle s'échappe. S'il fuit la lune, elle le poursuit. S'il s'arrête et la regarde en face, elle est lui, mais lui n'est pas elle.

Vanité

D'un avion quelqu'un laissa tomber une poignée de graines sur le sommet d'une montagne. En poussant, les plantes se félicitèrent : « Comme nous sommes de bonnes grimpeuses ! Regardez où nous sommes arrivées. »

Rencontres

Il marcha rapidement, il rejoignit la Mort. Il marcha lentement, la Mort le rattrapa. Il marcha normalement et s'aperçut alors qu'il était la Mort.

L'immortel

Il voyagea à travers le monde entier, lut, étudia, pria, changea ses programmations mentales, expérimenta des formules alchimiques, jusqu'à ce qu'il obtînt enfin ce qu'il voulait tellement : l'immortalité physique. « Le Temps m'accordera sa sagesse, les générations futures m'admireront, je serai le maître de la planète ! » Les siècles passèrent. L'humanité poursuivit son évolution : les corps s'allongèrent, les mâchoires se rétrécirent, les crânes augmentèrent de volume, les os perdirent leur poids et les omoplates devinrent des ailes. L'immortel errait, collé au sol, causant des grimaces de dégoût à l'humanité volante.

La loi

Un aveugle qui essaie de voir est assassiné à coups de bâton par d'autres aveugles.

Prétention

Un poste de radio transmettait de la musique et pensait : « Quel grand compositeur je suis ! » Soudain, un chat se mit à jouer avec le fil électrique et le débrancha. Ronchon, l'appareil soupira : « Je suis bête, je ne peux rien créer ! »

Pris au piège

Après avoir triomphé dans le monde entier, il revint dans son village natal, un coin perdu entre la cordillère et la mer. La maison de bois où il avait vécu soixante ans plus tôt était intacte. Il l'acheta pour pouvoir la démolir. Les planches, comme si elles étaient d'acier, résistèrent à l'impact des pics et des masses. Ni les pelles mécaniques, ni la grosse boule d'acier, ni la dynamite ne réussirent à la démolir. Elle resta là, immaculée, debout, de plus en plus solide et brillante, identique à la sœur jumelle qu'il portait enfermée dans sa mémoire. Le cosmos l'appelait, mais la racine, entêtée, ne permettait pas qu'on la fauchât. Résigné, il ouvrit la porte et entra dans la demeure. Dans la chambre, sa mère était en train de déshabiller le cadavre de son père. « Mieux vaut tard que jamais ! Vite, mon chéri, mets son costume ! » À mesure qu'il s'habillait, le mort disparaissait. Il sentit l'agréable chaleur du sang couler dans ses veines. Tout était parfait. Il regretta de savoir que, ainsi enfermé pour toujours, il ne reverrait plus jamais le ciel et les étoiles, mais en quelques secondes il l'oublia et s'assit pour mettre de l'ordre dans sa collection de timbres-poste, tandis que la grande femme peignait en fredonnant ses longs ongles devant le miroir qui ne reflétait que les dix taches rouges, effaçant le reste du corps.

Les métamorphoses

Il vivait avec une grande chenille blanche. Sa femme se formait à l'intérieur. Patient, il l'attendait. Pendant ce temps, la larve dévorait ses livres, ses papiers, ses disques, son linge. Lorsqu'il voulait parler, elle collait son museau à sa bouche et avalait ses paroles avec la même avidité qu'un enfant tète le lait de sa mère. Enfin, le gros ventre commença à s'ouvrir. La chenille gémit comme un chien blessé et courut se réfugier sous le lit. Au terme de violentes secousses, une femme sortit du cocon, parfaite, lumineuse, indépendante. Avec ses ailes irisées elle virevolta dans la chambre, posa brièvement ses lèvres sur celles de l'homme, y déposant une salive sucrée, et s'enfuit par la fenêtre pour disparaître au milieu des étoiles. Traînant les pieds, il se promena dans la maison. La larve vide serrée dans ses bras, il gémit pendant des heures. Enfin, il s'introduisit à l'intérieur et attendit là, blotti, priant que lui poussent des ailes pour s'élancer vers le ciel et voler jusqu'à ce qu'il la retrouve.

Compensation

Au milieu d'une terrible tempête, un bateau fit naufrage près de la côte. Un homme voulut se jeter à l'eau pour sauver les naufragés, mais ses compagnons l'en empêchèrent afin d'éviter que la mer furieuse ne le dévore aussi. Quelque temps plus tard, une autre tempête éclata. Notre homme, sans que personne ne le vît, se jeta dans les vagues gigantesques ; il lutta pendant des heures et enfin, au bord de l'épuisement, atteignit la plage, heureux d'avoir enfin sauvé quelqu'un.

Pitié indiscrète

Tandis que l'enfant aveugle buvait son lait, la mère s'exclama : « Le pauvre, il ne saura jamais que ce liquide est blanc ! » En l'entendant, le petit se mit à pleurer et, dès lors, le lait cessa de le nourrir. Il téta sans arrêt, mais il mourut de faim.

Le déraciné

Il rêva que dans le rêve il s'allongeait pour dormir et rêvait qu'il s'allongeait pour dormir et rêvait… Ainsi une multitude de fois… Il lutta désespérément pour revenir à la réalité. Il se réveilla dans le rêve précédent. De nouveau il lutta. Il se retrouva dans la même situation. Il se réveilla maintes et maintes fois sans parvenir au premier rêve. Il perdit espoir. Il ne s'allongea pas pour dormir, mais sortit de la chambre d'hôtel et se submergea dans la ville pour réaliser une vie quelconque. À la fin, il se réveillerait brusquement en ayant tout perdu.

Necessitas caret lege

Un crocodile géant s'était emparé des marais, semant la panique. Deux corbeaux commentaient : « Il a mangé notre compère le coyote, notre cousine la chouette, notre ami le lynx ! C'est un infâme criminel ! » À la nuit tombante, tandis que le saurien dormait, le ventre plein, une souris vit les corbeaux picorer entre les mâchoires du monstre les petits morceaux de chair qui restaient entre ses dents.

Un heureux événement

L'enfant naquit. Sa grand-mère demanda qu'on le lui prêtât pour s'en frotter les jambes, car ses rhumatismes la faisait souffrir. Sa mère l'installa sur sa coiffeuse et utilisa ses yeux comme miroir. Son grand-père l'emmena au football, l'obligeant à pousser des cris perçants d'avertisseur quand son équipe marquait un but. Ses tantes lui donnèrent des pilules pour dormir et le mirent dans la corbeille de l'enfant Jésus, bien calme, au milieu des agneaux et autres figurines de plâtre. Son frère aîné l'emmena en consultation et, encouragé par le psychanalyste, se mit à l'insulter et à le gifler jusqu'à ce qu'il se sente soulagé. Pendant ce temps, son père, qu'on avait enfermé dans la niche du chien, marmottait le prénom complet de son fils, que la famille avait réduit à une syllabe deux fois répétée.

Le technicien

Consulté par des paysans qui voyaient leurs terres menacées par un barrage en train de se lézarder, un technicien leur conseilla de boucher les fissures à l'aide de morceaux de semelles. Lorsque l'inondation catastrophique se produisit, le technicien précisa que sa seule spécialité était la fabrication des chaussures.

Karma

L'archer, faisant un énorme effort, tendit la corde de l'arc et lança sa dernière flèche. Il la vit s'éloigner et se perdre à l'horizon. Il attendit, immobile, jusqu'à ce qu'elle vînt se planter dans son dos.

Le malade et la sorcière

— Ne t'inquière pas, mon cher fils. Je suis venue de la source avec la baguette magique à la main. Là, j'ai rencontré l'Être suprême. Il m'a dit : « Tu vas le guérir ! »

— Je suis mort. Tu ne peux pas…

— Les morts guérissent en renaissant, mon enfant.

Le symbole

— Maître, j'ai analysé votre costume : chaque élément a une signification profonde. Mais il y a un détail que je n'ai pu interpréter. Quel est le sens de votre ceinture ?

— Il est d'empêcher mon pantalon de tomber.

Amarres

— Maître, je ne sais ce que je ferais sans moi !

— Tu serais maître.

Preuve d'amour

— Laisse-moi te prouver que je t'aime. Demande-moi ce que tu veux !

— Donne-moi ta vie.

— Pam !

— Menteur, tu m'as abandonnée, tu ne m'aimais pas !

Confusion

Ne se rendant pas compte qu'il était à l'extérieur, il s'agrippait aux barreaux de la fenêtre et criait aux geôliers qui dormaient à l'intérieur : « Laissez-moi sortir ! »

Rivaux

Le perroquet et le singe s'accusaient mutuellement, avec mépris, d'imiter l'homme.

Persécution

Un insensé se plaignait de ce que ses empreintes ne le suivaient pas. Il les chercha sans discontinuer, jusqu'à mourir d'épuisement.

Catastrophe

Il partit en courant dans la rue, poussant des cris qui firent se dresser les cheveux sur la tête des passants : « Au secours ! Mon miroir se meurt ! »

Les pirates

Ne trouvant pas de trésor à l'intérieur du coffre, ils s'en furent, déçus… sans se rendre compte que ce coffre vide était le trésor.

Le dévoreur de cœur

Quand la nuit tomba, il eut de nouveau faim : il ne pouvait digérer que les cœurs humains. Il se blottit dans un coin et attendit fébrilement que quelqu'un passe par là. Un monsieur élégant s'approcha. D'un habile coup de couteau il lui ouvrit la poitrine et en sortit son cœur. Il commença à y planter les dents. Des veines tranchées se dégagea une odeur fétide et des vers apparurent. Écœuré, il cracha et changea de coin… Cette fois, une femme passa. La lame du poignard traversa sa poitrine soyeuse sans rencontrer de résistance. Il arracha le merveilleux viscère, mais lorsqu'il mordit dedans, il était tellement dur qu'il faillit se casser les dents. Affamé, il courut dans les rues. Il butta sur un homme adipeux. Il en sortit un cœur aussi gros qu'une pastèque. La bouche pleine de salive, il mordit dedans. La boule se dégonfla dans un sifflement aqueux et resta accrochée à ses dents, changée en outre froide… Il eut mal au ventre et, respirant avec difficulté, tomba assis dans l'angle d'une porte. À côté de lui, couvert par des journaux, il vit un enfant qui dormait. Il n'hésita pas un instant : il vola son cœur et savoura lentement ce mets exquis. Une paix immense l'envahit. Il vit le petit mendiant comme un ange abattu et, pour la première fois, fut pris de pitié. Il se fit une entaille profonde, sortit son propre cœur et le déposa dans la poitrine vide de l'enfant, puis la referma d'une caresse. Il le vit s'éloigner, faisant des pas si agiles qu'on aurait dit une danse. Il s'appuya dos au mur et glissa doucement jusqu'à tomber entièrement sur le ciment… Jamais plus il n'aurait faim.

Histoire d'« amour »

La tortue apprit à ronronner, elle se détacha de sa carapace et, se faisant passer pour un chat, alla demander des caresses à une femme aveugle.

Le miracle et le perroquet

Dans les montagnes d'une région ruinée par la sécheresse, enfermé dans son château, vivait un kabbaliste qui était capable de transformer la terre aride en eau. Les paysans assoiffés envoyèrent le marchand de fourrage du village convaincre le savant de leur transmettre son secret. Lorsqu'il frappa au portail fermé de la forteresse, le pauvre homme fut chassé par des flots d'huile bouillante. Un vieux perroquet, animal favori du kabbaliste, s'échappa et alla se poser sur l'épaule de la victime, répétant les paroles magiques qu'il avait entendues pendant des années. Le marchand de fourrage revint heureux au village, il rassembla les paysans, ramassa une poignée de terre sèche et, récitant les étranges formules, la changea en eau. Tous applaudirent, émerveillés ; puis ils lui demandèrent : « Comment est ce maître mystérieux ? » À quoi il répondit : « Je ne le connais pas, c'est son perroquet qui me les a apprises. » La foule se mit à le conspuer. Il était impossible d'apprendre quelque chose de sérieux d'un vilain oiseau ! Il fut traité d'escroc et expulsé du village à coups de pierre.

Amour maternel

J'ai envie de te soigner : tombe malade pour me rendre heureuse.

Le grand lama

On m'avait coupé en morceaux. Les grands vautours se repaissaient de ma chair. J'étais décidé à renaître. Je choisis la femme parfaite et m'incrustai dans ses entrailles. Évidemment, je changeai le destin du fœtus. L'esprit qui se préparait à naître était plus ignorant que moi : il ne put se défendre et je l'expulsai de la matrice. Je le sentis se dissoudre pour toujours dans l'éternité. Brusquement, je me souvins des trois mille assassinats de mes trois mille réincarnations précédentes.

La tempoclette

En l'an 2563, un groupe de financiers se rassembla afin de traiter une fabuleuse affaire. « Nos scientifiques ont inventé une machine économique, en forme de bicyclette, qui permet de voyager dans le futur sans pouvoir revenir, en faisant un saut de mille ans. Tous les voyageurs arriveront à la même heure, le même jour, le même mois, la même année. » Ils lancèrent une campagne de publicité mondiale. « Achetez une tempoclette ! Dans dix siècles, il n'y aura ni guerres ni maladies, et il n'y aura plus besoin de travailler ! Les continents seront des jardins ! On aura découvert la vie éternelle ! » La machine enthousiasma la planète et, comme elle n'était vraiment pas chère, aucun citoyen ne se priva de l'acheter. Il donnèrent le coup de pédale décrit dans le manuel, et en une seconde se retrouvèrent en l'an 3563 ! Ils trouvèrent un monde dévoré par les mauvaises herbes et uniquement peuplé de fourmis, de rats et de singes. Ils comprirent, trop tard, la triste vérité : comme personne n'était resté et que la planète avait été abandonnée pendant dix siècles, tout n'était que ruines.

Élève actif

— Maître, je cherche, mais je ne trouve pas !

— Cesse de chercher et crée les conditions adéquates pour recevoir !

L'imitateur

Un homme commence à perdre la vue. Avant d'entrer dans l'ombre, il mémorise tout ce qui se trouve dans son appartement. Il étudie les textes, les illustrations et la situation des livres dans la bibliothèque. Lorsqu'il est aveugle, il invite des gens et, faisant celui qui voit, leur montre sa chambre. Il offre des sièges, ouvre des ouvrages, lit à voix haute, décrit des gravures, prépare des cocktails. Sa simulation est parfaite, mais il oublie d'allumer la lumière et ses visiteurs assistent à cette comédie dans l'obscurité.

Le déclin d'un poète

Son ombre se jeta sur lui, changée en fouet. Les mots, ne voulant pas sortir, accrochés comme des araignées, s'accumulèrent dans sa gorge. Son crâne s'ouvrit à la manière d'un observatoire astronomique et son cerveau s'envola vers le ciel en dépliant ses circonvolutions jusqu'à prendre l'aspect d'un tapis qui se fit barque de vautours. Son sang s'échappa par la plante de ses pieds et il marcha nu en laissant des empreintes rouges. La ville, qui avait dormi quatre cent ans, se réveilla et se mit à le poursuivre. Il s'enfuit vers les montagnes : les versants vomirent des maisons. Il traversa des fleuves : de leurs pattes nerveuses les ponts unirent les rives, ensevelissant l'eau. Il se cacha dans les forêts : longs cimeterres, les avenues pénétrèrent dans le sous-bois. Sa peau glissa tel un vieux manteau et bientôt il la laissa attachée à un arbre, flottant au vent transformée en drapeau. Ainsi exposés aux intempéries, ses muscles et ses viscères réveillèrent la gourmandise des taons. N'étant plus qu'un paquet d'os, il se dit : « Ma situation ne peut être plus triste. Je dois reconnaître que quelque chose va mal. » Mais quelques secondes plus tard il haussa les épaules et s'en fut boire une autre bouteille de vin.

La liberté

Il rompit toutes les amarres pour pouvoir, enfin, s'attacher fermement aux choses.

Le créateur

Le pélican garda un poisson dans son bec, retardant sensuellement le régal de l'avaler. Il le garda si longtemps qu'il oublia que l'animal était un aliment qu'il avait pêché. Il se mit à croire que son bec était un ventre et le poisson, son enfant. Un jour, face à d'autres pélicans, il dit avec orgueil : « Regardez la merveille que j'ai engendrée ! » Et il cracha une masse informe couverte d'asticots.

Dialogue familier

— Grandis, mon enfant.

— Rapetisse, mon père.

Impatience

— Maître, cet endroit ne vaut rien, c'est un désert.

— Non, il est ensemencé !

Donner et recevoir

— Maître, nous ne pouvons donner que ce que nous avons en nous. N'ai-je pas raison ?

— Personne ne peut donner seulement ce qu'il a en lui. La demande de l'autre le féconde. Le don se fait à deux.

Vouloir et pouvoir

— Quelle frayeur, Maître, cette personne veut me faire du mal !

— Ne crains pas ceux qui veulent te faire du mal, mais ceux qui le peuvent.

Impressions subjectives

Un Indien était assis dans la rue près d'une autruche. Curieuse, une dame s'arrêta devant eux, caressant son chien de manchon. Celui-ci aboya à l'oiseau : « Si j'avais ces pattes ridicules, je me cacherais ! » L'Indien, qui connaissait le langage des animaux, lui dit : « Je vois que tu as bon goût. Je connais un endroit où il y a des milliers de chiennes en chaleur. Veux-tu venir avec nous ? – Je vais m'enfuir et viendrai vous rejoindre », répondit le petit chien. À l'heure dite, il arriva en remuant la queue. L'Indien prononça trois mots et, brusquement, ils se retrouvèrent dans un désert. Son maître monté sur son dos, l'autruche avança à grandes enjambées. Le chien les suivit comme il put. Au bout de quelques heures, épuisé, mort de soif, il s'exclama : « Stop ! » L'Indien s'arrêta : « Je ne comprends pas pourquoi tu es si fatigué. » Le chien regarda l'autruche avec envie. « Ah, je comprends, c'est parce que tu n'as pas ces pattes ridicules ! » Le quadrupède gémit : « Je vois maintenant combien elles sont belles ! Je n'aurais pas honte d'en avoir de semblables ! » L'Indien fit un geste et le chien se retrouva avec quatre pattes d'autruche. Il bondit de joie ! Plein de fierté, il galopa au milieu des dunes ! L'Indien fit un geste et l'animal apparut devant sa maîtresse qui, dégoûtée, attrapa un bâton et le chassa de la maison. Lorsque toute la ville se fut moquée du monstre, l'Indien défit le sortilège.

Vengeance

Des centaines de chenilles grimpèrent sur le tronc des arbres pour sécréter les fils et former des cocons qui, le printemps venu, s'ouvrirent en expulsant des papillons. Un poulet observa avec envie le phénomène. Il cessa de jouer avec ses compagnons et eut envie d'avoir aussi des ailes pour voler de fleur en fleur. « Si ces bestioles écœurantes peuvent se transformer en créatures si belles, pourquoi pas moi ? » Il ramassa des morceaux de tissu, des effilochures, des fibres sèches, de la ficelle. Il grimpa sur un orme, s'enveloppa de ces débris et, protégé par une branche, s'endormit, espérant se transformer en papillon. Le temps passa. Torturé par la soif et la faim, il se réveilla. Il rompit les fibres à coups de bec : il n'était ni un papillon ni un poulet, il était devenu coq. Déçu, il retourna au poulailler. Ses compagnons, s'ébattant toute la journée sous le soleil, bien alimentés, caquetaient comme des champions, cherchant la bagarre. Lui, pâle, mal nourri, ne put leur tenir tête. Il fut criblé de coups de bec et réprouvé. Il accusa les papillons de tous ses maux et courut vers la forêt, décidé à détruire tous les cocons qu'il trouverait.

L'étoile tombée

Un violent tremblement secoua le ciel. Une étoile se détacha et alla tomber dans les profondeurs de l'océan. Malgré l'eau, comme son explosion interne ne cessait pas, elle continua de briller. Pour la première fois, les poissons purent se voir tels qu'ils étaient, et ce qu'ils virent ne leur plut guère. La comparaison avec l'astre était inévitable : à côté de son immense splendeur, ils se sentirent minuscules. Très envieux, ils avalèrent de la boue et la vomirent sur l'étrangère afin de la recouvrir d'une épaisse couche qui dissimula son scintillement. L'étoile commença à se déprécier, car sa raison d'exister était d'éclairer le chemin des autres. Elle partit se cacher dans une grotte. Peu à peu arrivèrent des animaux répugnants qui se collèrent à elle, la prenant pour un rocher. Il lui sembla que passait une éternité ; puis, un jour, une créature couverte d'écailles noires entra dans le refuge, découvrit son centre et lança un éclair si intense que les parasites s'enfuirent. « Qui es-tu, être incroyable, qui peux subsister dans cet enfer en gardant ta luminosité ? », demanda le pauvre astre. « Je suis une étoile, comme toi ! Le tremblement céleste m'a également jetée à la mer, où je me suis aperçu que si je montrais mon éclat, au lieu de venir en aide, je me ferais des ennemis. Si je voulais faire le bien, je devais me déguiser... Viens avec moi ! Ne crois pas que tu ne vaux rien parce qu'ils te rejettent ! Ils te rejettent parce qu'ils ne te connaissent pas ! S'il n'y a pas de connaissance, comment peut-il y avoir de l'amour.

Moines

— Nous prions tous deux avec une égale ferveur, pourquoi es-tu toujours content et moi pas ?

— C'est que tu ne pries que pour demander quelque chose, alors que moi, je le fais uniquement pour remercier de ce qu'on m'a donné.

La dette

Mon père devint aveugle lorsque j'étais dans le ventre de ma mère. Devenu veuf, il fit de moi son guide. Nous vivons de la mendicité. En ces époques de crise, les aumônes sont rares. Nous marchons dans un quartier ténébreux, il fait froid, mon père gémit de faim. « Ne t'inquiète pas, lui dis-je, nous allons manger. » Je secoue la poussière de nos vêtements et nous entrons dans un restaurant chinois. On nous sert plusieurs plats que nous dévorons avec délice. Je dis au serveur : « Nous n'avons pas de quoi payer. – En êtes-vous sûr ? » me répond-il en souriant, et il émet un sifflement qui imite le rossignol. Arrivent deux énormes Chinois qui m'attachent à la chaise. « Pardonne-moi », me murmure mon père à l'oreille. Le serveur s'en va, puis revient avec un flacon et une petite cuillère d'ivoire. Me montrant les deux yeux qui sont à l'intérieur de la coupe, il me dit avec douceur : « Ne t'inquiète pas, mon garçon, tu me paieras de la même façon que l'a fait ton père. » Et il enfonce la petite cuillère dans mes orbites. « Un jour, pour solder définitivement ta dette, tu devras m'amener ton fils. »

Le prophète inculte

Les fondations de la salle de bal, qui avait constamment supporté des réunions de grande envergure, étaient en très mauvais état. De temps en temps, elle émettait un craquement dont aucun convive ne voulait tenir compte : l'idée qu'elle allait s'écrouler leur semblait un péché et ils la chassaient de leurs esprits. Un maçon qui passait par là se rendit compte du problème. Comme ils ne lui permirent pas d'entrer, il écrivit sur un bout de papier : « *Atention, la sale vat s'éfondré !* » et il jeta son avertissement à travers une fenêtre. Les danseurs ramassèrent le message et éclatèrent de rire. « Il écrit attention avec un seul *t* ! Salle avec un seul *l* ! Va avec un *t* ! Et *s'efondré* au lieu de s'effondrer ! Ah, ah, cet idiot fait des fautes d'orthographe… ! Soudain, les poutres cédèrent et le toit tomba sur les maîtres et les domestiques. Avant de poursuivre son chemin, le maçon écrivit sur un pan de mur, avec un bout de craie : « *Je vou l'avé di !* »

La vérité

Il croyait obtenir des réponses alors qu'en réalité il avançait en frappant des portes fermées qui reculaient.

Ce n'est jamais assez

Le boiteux était en train de mendier, assis sur les marches de l'Opéra. Un saint homme passant par là toucha ses jambes, et celles-ci se redressèrent. D'abord, sa joie fut grande, mais au bout de quelques minutes il fut rempli de colère : « Misérable bienheureux ! Pourquoi ne m'avez-vous pas fait premier danseur de l'Opéra ? » Il se rassit pour mendier, imitant cette fois la boiterie.

Le savant

Où qu'il aille, il arrive comme un étranger, il est la nouveauté. Curieux, les habitants s'approchent de lui, pensant qu'il apporte des réponses. Mais lui ne fait que poser des questions. Il pose tant de questions qu'ils le considèrent comme un savant et acceptent ces interrogations comme des réponses.

Le double

Un homme, identique à lui, envahit ses possessions et conquit les membres de sa famille, leur rendant santé et prospérité. Rejeté par tous, il retrouva la mémoire. Ce « double » était le maître légitime, et lui, un misérable usurpateur.

Ce qui est à moi est à moi

Dieu leur envoya une pluie d'étoiles d'or. Le couple se mit à discuter pour savoir lequel des deux avait provoqué ce miracle. Furieux, ils se jetèrent les étoiles à la figure. Il perdit la moitié de son nez et elle, un œil.

L'épargne

Un commerçant s'installa devant le monastère. Sur une table, il posa un tas de seaux emplis de filaments et annonça : « Aujourd'hui, grande braderie de gragrophes ! Achetez-en un avant qu'ils soient épuisés ! » Un moine interrompit ses prières et courut vers le vendeur. « Combien coûtent-ils ? — Cent pesos. — Dommage, je n'en ai que quatre-vingts. — Peu importe, je vous fais cadeau des vingt qui vous manquent… ! » Le religieux acheta son gragrophe et, dansant de joie, alla le montrer au père supérieur. « Frère, j'ai économisé vingt pesos ! » Celui-ci lui jeta un regard de pitié : « Non ! Tu en as perdu quatre-vingts, car les gragrophes ne servent à rien ! »

Les mouches

Le maître est vêtu d'un costume misérable. Un possible disciple lui demande : « Pourquoi portez-vous des haillons ? » Le maître répond : « Parce que je suis très humble. — Si vous étiez vraiment humble, vous ne le montreriez pas », dit le disciple avec mépris, et il part à la recherche d'un autre maître, sans se douter que l'humble sage s'est déguisé en « humble » pour que les possibles disciples lui fichent la paix.

L'arbre impatient

En plein hiver, un arbre se dit : « Pourquoi devrais-je attendre que vienne l'été pour donner mes fruits ? Je veux fleurir aujourd'hui même ! » Il secoue la neige qui le recouvre, étire ses racines vers de chauds gisements, laisse monter une sève douloureusement élaborée, vomit des feuilles, des fleurs et donne enfin naissance à des oranges, en criant : « J'ai gagné : mes fruits brillent comme des soleils ! » Une couche blanche, glaciale, couvre la terre. « Je suis ici, mangez mes tendres oranges ! » C'est l'hiver, tous les animaux dorment, le silence règne. Les fruits dorés pourrissent… Arrive le printemps. Un soleil nouveau fait tressaillir la terre sous la caresse de ses rayons. Sans effort, les arbres fleurissent, les oiseaux dévorent leurs fruits et laissent tomber les graines. De nouvelles pousses apparaissent qui enrichissent la forêt luxuriante… Jeté sur la vase telle une grosse chenille noire, l'oranger est dévoré par les fourmis.

Le mauvais mendiant

Il donna un pain à celui qui criait famine.

Celui-ci lui dit d'un ton plaintif : « Et maintenant avec quoi vais-je le manger ? »

Il lui reprit le pain !

Moins

— Maître, qu'est-ce que triompher?

— C'est apprendre à échouer.

La révélation

Quoi que tu aies vécu et aussi nombreux que puissent être tes ancêtres, sache que ceci n'est que le commencement.

Se comporter comme un homme

— Maître, quand serai-je fort ?

— Lorsque tu apprendras à ne pas faire de mal.

Leçon

— Maître, j'ai appris à briser les verres !

— Il y a bien des façons de briser un verre, mais une seule de le fabriquer !

Ignorance

— Maître, je me sens seul.

— C'est que tu ne sais pas être avec toi-même.

Kôan

— Maître, il m'est impossible de dire si ce verre est à moitié vide ou à moitié plein. Que faire ?

— Brise le verre !

Échange

— Maître, quand atteindrai-je la perfection ?

— Quand donner sera pour toi aussi important que recevoir.

Le but

— J'ai peur de ne pouvoir arriver.

— Ne te soucie pas d'« arriver » mais d'« avancer ». Avancer peu à peu, c'est être en train d'arriver.

Invulnérabilité

— Maître, que dois-je faire pour que le feu ne me brûle pas ?

— Deviens le feu !

Devinette

— Quand le moine sort, les grenouilles entrent dans le temple. Quand les grenouilles entrent-elles dans le temple ?

— Très facile, Maître : les grenouilles entrent dans le temple quand le moine en sort !

— Idiot !

— Mais vous-même me l'avez dit : quand le moine sort, les grenouilles entrent…

— Abruti !

— Elles entrent lorsqu'elles ont chaud et cherchent l'ombre !

— Tricheur !

— Elles entrent quand le moine oublie de fermer la porte !

— Rêveur !

— Elles entrent lorsqu'elles savent qu'elles peuvent trouver l'éveil à l'intérieur !

— Intellectuel, apprends à mourir !

— Les grenouilles n'entrent jamais dans le temple parce que le moine ne le quitte jamais !

— C'est ça !

Infarctus

— Maître, cet homme a lutté de toutes ses forces pour gagner sa retraite. Pourquoi est-il mort lorsqu'il l'a obtenue ?

— Parce qu'il s'est battu de toutes ses forces pour obtenir ce qu'il ne voulait pas.

Un artiste

— Si tu es un grand pianiste et qu'on te coupe les mains, que fais-tu ?

— Je deviens danseur.

— Et si on te coupe les jambes ?

— Je me tourne vers le chant lyrique.

— Et si on t'arrache la langue ?

— Je prends un pinceau entre les dents et je peins.

— Et si on te tue ?

— Avec ma peau, on fait un tambour ; avec mes os, des flûtes, et avec mes boyaux, des cordes de violon.

Le pouvoir

Il obligeait à recevoir pour avoir l'impression de donner.

Don Juan

Dans chaque ville, le prestidigitateur abandonnait une femme coupée en deux, qui avec son buste pleurait ses chagrins d'amour, sans se rendre compte que la partie inférieure de son corps était violée par les clowns.

La vraie sainte

Le grand temple, visité par des milliers de pèlerins, était construit autour d'une tombe où gisait une défunte qui faisait des miracles. Omar, le gardien, un veuf qui avait le premier découvert les pouvoirs du mausolée, était propriétaire du lieu. Il vivait respecté, jouissant, grâce aux aumônes, d'une solide prospérité. Son fils unique, Zayd, tomba amoureux d'une prostituée et la mit enceinte. Le jeune homme et sa maîtresse, maudits par Omar et poursuivis par les fidèles, s'enfuirent, jusqu'à ce que, à bout de forces, la femme mourût. Désespéré, le jeune homme l'enterra et s'assit pour pleurer à côté de la tombe. Un bédouin qui passait par là lui laissa de l'eau, du fromage, et alluma une veilleuse devant le monticule de pierres. D'autres nomades passèrent et déposèrent des offrandes. Le bruit courut qu'il y avait là une morte qui faisait des miracles. Peu à peu, les croyants élevèrent un temple et Zayd, en tant que gardien, fut respecté et il connut la prospérité. Un jour, la célébrité de la tombe miraculeuse étant parvenu jusqu'à lui, son père vint lui rendre visite : « Mon fils, pardonne-moi. Je dois te révéler un secret honteux : ta mère était une prostituée que j'ai follement aimée. Elle est morte en te mettant au monde. Je l'ai enterrée et j'ai pleuré avec une telle dévotion sur sa tombe que les voyageurs ont cru qu'il s'agissait d'une sainte. Je suis très malade, condamné à mourir, seul un miracle pourrait me sauver, mais comme je sais que la mienne est un leurre, je te demande de me laisser prier la tienne. Elle, oui, elle me sauvera ! » Sans dire un mot, le fils conduisit son père devant le tombeau. Le vieil homme alluma une bougie, il pria de toute son âme, déposa une offrande importante et revint, guéri de sa maladie, pour continuer à servir les croyants de sa fausse sainte.

Les mille visages de l'homme invisible.

L'homme invisible se fabriquait des masques exprimant toutes sortes d'expressions : amour, jalousie, doute, douleur. Avant de sortir, il les essayait devant son miroir. Portant le masque du pouvoir, il se sentait capable de diriger des foules ; portant celui de la séduction, il mettrait les femmes à ses pieds… Voulant simuler le plus de nuances possibles, il accumula neuf cent quatre-vingt-dix-neuf masques. Pour le millième, il décida d'en modeler un qui exprimerait le fou rire. La bouche, montrant d'énormes dents, allait d'une oreille à l'autre. Lorsqu'il l'eut terminé, il le mit et sortit se promener. Les gens, gagnés par cette expression grotesque, se mirent à rire aux éclats. Fatigué de tant de bruit, il revint chez lui et voulu enlever le masque : impossible. Il restait collé à sa peau ! Il tira dessus, le griffa, lui fit des entailles, lui donna des coups de marteau, en vain. Il enragea, hurla, menaça, pleura, implora, en vain. Le faux rire cachait son désespoir. Défaillant de faim, il sortit demander de l'aide. Les citadins, ne voyant pas que ses grimaces étaient d'angoisse, se mirent de nouveau à rire. Il revint tristement, acceptant de mourir en état d'inanition avec cette joyeuse figure. Lorsqu'il cessa de s'efforcer d'ôter cette grimace, il se mit à réfléchir à la raison pour laquelle il lui arrivait une chose pareille. Soudain il comprit. Avec une énergie renouvelée, il détruisit les neuf cent quatre-vingt-dix-neuf masques précédents. Lorsqu'il n'en resta pas un seul entier, la physionomie souriante se détacha de sa peau comme un poisson mort. Dès lors, l'homme invisible accepta de vivre sans visage.

Éducations

Une dame riche apprend à son fils combien il est laid d'être sale. Une dame pauvre apprend à son fils combien il est beau d'être propre.

Secrets de famille

Il avala vivants ses deux enfants, mais ne put les digérer. Collant son oreille à son ventre de femme enceinte, le père écoutait les insultes des deux prisonniers : « Nous serons ici pour toujours, dévorant ce que tu manges et absorbant ce que tu bois. Nous t'empoisonnerons de nos excréments. » Il essaya de les vomir, mais ils s'accrochèrent à ses boyaux et, peu à peu, le consommèrent. Il mourut, devenu un paquet d'os et de peau. Les avalés, toujours à l'intérieur, commencèrent à se battre pour ces restes. L'un égorgea l'autre, s'empara de sa peau et, la remplissant entièrement, s'en fut dans la chambre de sa mère qui dormait, jambes écartées. Il lui excréta le cadavre de son frère, en vociférant pour la réveiller : « Attrape, vieille répugnante, voici ton préféré ! » La femme le mit sur elle, le suppliant de la posséder. « Tu dois le faire, n'oublie pas que tu es mon mari ! » Il laissa tomber à ses pieds la peau de son père et s'enfuit, terrorisé à l'idée d'être avalé une deuxième fois.

Créanciers

Il amassait des crânes humains. Il en avait quatre-vingt-dix-neuf placés sur des socles de marbre noir : un crâne pour chaque année qu'il avait vécue. Il mourut centenaire, demandant à être enterré avec sa collection. Ce qui fut fait. Ses nombreux enfants durent monter la garde jour et nuit devant sa tombe pour éloigner les squelettes décapités qui arrivaient de toutes parts exigeant, avec d'insistants roulements d'os, qu'on leur rendît leur crâne.

Le sauveur

Sa mère oublia sur le lit une petite serviette taché de sang menstruel. La tache rouge sombre formait une croix. « C'est l'amulette avec laquelle maman fabrique les enfants », pensa le gamin, et il mit la serviette magique entre ses jambes. Il courut s'enfermer dans les toilettes. Il resta assis là, attendant, jusqu'à ce qu'il ait mal au ventre. Il ferma les yeux et expulsa quelque chose de dense. « C'est la croix qui l'a fait. » Il tira la chasse sans vouloir regarder ce que l'eau emportait. Il cacha l'amulette sous ses soldats de plomb. Cet après-midi-là, dans l'église, il murmura à l'oreille de la Vierge : « Je connais le secret… Maintenant, toi et moi, nous allons remplir le monde de Christs. »

À la recherche de l'essentiel

Un écrivain met dix ans à terminer un roman. Puis il décide d'en éliminer tout le superflu. Il y travaille encore dix ans, au bout desquels il ne reste que le mot CROCODILE.

Le labyrinthe inondé

Il se trouva irrémédiablement perdu dans un labyrinthe dont le sol était couvert d'eau. Se voyant reflété dans le miroir liquide, il pensa : « Ça va mal pour moi, mais encore plus mal pour mon reflet. Si je ne sors pas, il ne pourra pas sortir non plus. » Cette petite consolation réussit à le rendre heureux.

« En outre, il est plus faible ! Si je lui lance cette pierre, il disparaîtra ! » Avec un rire cruel, il jeta son projectile et attendit que le reflet se déformât. Celui-ci, intact, l'observa depuis la surface. Il sentit une intense vibration, les murs se couvrirent d'ondulations, son corps explosa en une profusion de taches folles. Avant de s'évaporer dans le néant, il put se rendre compte que son monde avait été une illusion aquatique, et qu'en réalité il était le reflet.

Proctomancie

S'apercevant que les plis de l'anus étaient aussi personnels que les lignes de la main, il inventa une nouvelle technique divinatoire. Il asseyait le consultant, fesses nues, sur une photocopieuse et inscrivait l'image anale ainsi obtenue dans un cercle zodiacal. Il faisait alors une lecture extrêmement précise de l'avenir. Dans les rides les plus profondes, il pouvait lire le passé.

Nuit de noces

Elle ôta sa perruque, alors il retira son faux toupet. Elle enleva son œil de verre, alors il enleva le sien. Elle se décolla une oreille en caoutchouc, lui aussi s'en décolla une. Elle retira son dentier supérieur, il retira l'inférieur. Elle dévissa son bras et sa jambe gauches, lui, son bras et sa jambe droits. En faisant des petits sauts, ils s'aidèrent à tomber sur le lit. Là, collés l'un à l'autre, ils sentirent que, grâce à leur grand amour, ils formaient un seul être.

La récompense

— Je t'accorde un seul désir. Réfléchis bien et demande ce que tu veux.

— Que ce désir, ce soit moi qui puisse l'accorder, et que ce soit toi qui le demandes.

Narcisse et la bête

Aucun prétendant n'était assez beau pour elle. Un soir, un poète d'aspect horrible colla un miroir sur son visage et s'en fut déclamer sous son balcon. La belle ouvrit le rideau à contrecœur. Elle n'écouta pas le délicat poème, mais vit son reflet dans le masque d'argent. « Tu es l'homme que j'attendais. Ta beauté me subjugue. Emmène-moi avec toi, je t'en prie », l'implora-t-elle. « Je ne te ferai mienne que si tu sacrifies tes yeux », lui répondit-il. Sans hésiter, la vierge plongea ses ongles dans ses pupilles. Le monstre détacha le miroir de son visage et put enfin l'embrasser.

Le Cimbrín

Le *Cimbrín* est un petit oiseau gris, habitant des grandes villes, qui fait son nid dans le pare-chocs des voitures en mélangeant de la boue à de l'essence. Oiseau asocial, il abandonne la femelle après l'avoir fécondée, et ses enfants quittent le nid dès qu'ils ont brisé leur coquille. Sa couleur grise, peu seyante, incite les autres oiseaux à attaquer notre *Cimbrín*. Il n'aurait pas survécu s'il n'avait possédé une unique plume bleue. N'ayant pas conscience que cette plume est minuscule, le petit oiseau se comporte comme si tout animal la voyait et l'enviait. Il passe la plus grande partie de son temps à la lustrer, à la montrer et à l'admirer. Pour se loger, il choisit des voitures de luxe, donne des coups de bec aux chiens méchants, les faisant fuir, vole leur nourriture à d'autres oiseaux, jouit de sa solitude. À une certaine époque de sa vie, son unique belle plume commence à perdre ses barbules. L'oiseau frotte ses yeux contre le pare-chocs. Plus le temps passe, plus la chute s'accélère et le *Cimbrín* fait des gestes brusques, le mouvement de ses pattes et de ses ailes s'accélère, il chante de plus en plus fort, arrivant, dans certains cas, à couvrir le son du klaxon. La plume bleue devient un axe osseux. Le *Cimbrín* cesse de manger, il se cache dans son nid, ferme la seule ouverture et attend… Le nid, desséché par manque de soins, se détache du pare-chocs et est écrasé par le véhicule qui l'abrite.

La frontière

Le vieux soldat revint chez lui, la poitrine couverte de médailles. Traînant sa jambe orthopédique, il laissa une longue trace dans la terre. Cette trace divisait le monde en deux. Un côté, stérile, devenait rapidement un désert ; le côté opposé, fertile, était couvert de forêts, de fleurs exubérantes et d'oiseaux multicolores… Le vieux soldat, la poitrine couverte de médailles, se perdit à l'horizon. Peu à peu, le vent et la pluie effacèrent cette trace. Le monde retrouva son unité.

Le voleur de voix

Lorsque les gendarmes eurent emmené son homme, avec la consigne de le faire disparaître définitivement, ma mère perdit, avec la joie de vivre, sa voix. Tel un oiseau muet, elle se promenait d'une pièce à l'autre sans vouloir sortir. Moi, à huit ans, j'avais l'un de ces pouvoirs magiques que les enfants gardent rigoureusement secret entre eux. Grâce à une éponge de mer appliquée dans la bouche des adultes endormis, je pouvais dérober leur voix.

Je sortis à l'heure la plus sombre de la nuit et, par la fenêtre, m'introduisis dans une maison d'où sortaient de profonds ronflements. C'était une jeune ouvrière qui, près du tas d'uniformes kaki qu'elle avait dû coudre, respirait la bouche ouverte, changée en pierre. Je mis l'éponge dans sa bouche et extirpai sa voix. Dans mes mains tomba un petit oiseau invisible qui battait des ailes, angoissé, comme s'il avait la nostalgie d'un nid protecteur. Je l'enfermai dans ma boîte à biscuits et courus vers ma mère. Par chance, elle aussi dormait la bouche ouverte. Je pressai l'éponge dans sa gorge et le petit oiseau, avec une frénésie désespérée, se colla à ses cordes vocales.

Lorsque ma mère se réveilla, une voix, si aiguë qu'elle brisa un verre, s'écoula comme un fil métallique de ses lèvres. « Je ne veux pas vivre, non, je ne veux pas ! » Elle avait beau se couvrir la bouche pour l'empêcher de passer, cette phrase se répéta sans arrêt. Les autres verres éclatèrent, les vitres de la fenêtre, un vase, les ampoules de trente watts et l'unique miroir, tout petit, que ma mère gardait dans un coin de la salle de bains. J'attendis qu'elle s'endormît, je la lui extirpai et courus rendre le petit oiseau déprimant.

À la gare des trains, je vis étendu sur un banc, abattu par l'ivresse, couvert de papiers journaux qui célébraient une victoire militaire contre les anarchistes, un chemineau révoqué. Je bouchai son nez pour qu'il ouvre la bouche et lui volai un long ectoplasme qui par brefs instants ressemblait à un chat sauvage.

Dans la matinée, ma mère se mit à proférer des menaces en poussant des cris rauques : « Flics assassins, je vais tous vous tuer, de même que le coquin qui vous commande ! » Pour la première fois depuis un an, elle ouvrit les volets et se mit à lancer vers la rue des imprécations contre la glorieuse armée nationale. Les voisins, atterrés, passaient sans s'arrêter, comme s'ils étaient sourds. Je brandis une main en poing, le pouce tendu vers ma bouche pour leur faire croire que ma mère avait bu plus que de raison. Une guérisseuse, craignant que les carabiniers n'accourent, fit prendre à maman une infusion qui en quelques minutes la plongea dans un profond sommeil. Je lui extirpai le chat furieux et le rendis à son repaire alcoolisé.

Que faire alors ? Quelle voix escamoter pour ouvrir les portes de ce cœur fermé ? L'urgence me fit prendre des risques. Je m'introduisis par une lucarne du lupanar. Un homme, ramassé comme un lion sur une dame à demi vêtue, donnait de frénétiques coups de reins. Les yeux fermés, lui rugissant vraiment, elle imitant des cris de plaisir, ils ne s'aperçurent pas de ma présence. Je mis à profit la béance des lèvres peinturlurées pour extraire une voix qui sortit pareille à une huître énorme. Dès que je l'eus injectée dans la gorge de ma mère, celle-ci se réveilla et, en jupon, telle qu'elle était, elle sortit en courant dans la rue et alla frapper aux portes voisines en gémissant : « Qu'est-ce qu'une femme sans son homme ? Les canailles qui me l'ont pris connaissent-elles ce vide atroce que j'ai entre les jambes ? Je brûle, j'étouffe, je deviens un mollusque ! » On me la rendit bâillonné et ficelée comme une larve. Je désespérai tant je voulais que la joie revînt dans notre foyer. Je ne lui suffisais donc pas ? Dès que je rentrais de l'école je balayais les petites chambres, faisais à manger, allais mendier dans le centre de la ville ; je revenais toujours avec un peu d'argent et, en plus, grâce à la bonne circulation de mon sang, je pouvais dormir avec elle, blotti contre son ventre froid, telle une bouillotte. Non, je ne lui suffisais pas !

En dernier recours, je décidai de dérober la voix du curé. C'était un homme maigre et fanatique, toujours en colère parce qu'à cause des communistes presque plus personne ne fréquentait sa paroisse, hormis quelques vieilles poussiéreuses. Je le trouvai assis dans le confessionnal, se cachant pour faire une sieste. Je pus lui voler un fluide obscur, semblable à une chaussure. Avec une certaine répugnance, je l'introduisis dans la gorge de ma mère. Elle se mit debout sur le lit, dressa ses poings en l'air et se mit à insulter notre bon Dieu, lançant à maintes reprises, comme des poignards rancuniers, les deux mêmes mots : « Vieil injuste ! »

Craignant que le Seigneur, offensé, n'envoie les miliciens pour la faire disparaître elle aussi, je rendis sa chaussure au curé. Que faire d'autre ? J'extirpai ma propre voix ! Elle jaillit telle une petite vipère et s'enroula en tremblant entre mes doigts. Je sentis qu'une araignée sourde et noire venait se nicher sur mes cordes vocales.

Ma mère se réveilla avec un sourire de petite fille, elle nettoya la maison, prépara à manger, joua à la poupée et parla, parla, parla joyeusement pendant des années. Jamais elle ne s'aperçut que j'étais muet.

Le curé-monastère

Je ne porte pas la soutane. Je vis dans un pot, dans le cloître du couvent. Les moines me jettent un morceau de pain. Parfois, il y a du fromage dans le pain. Le dimanche, avant que n'arrivent les visiteurs, on me fait sortir du pot afin que j'aille me cacher dans la forêt. Je ne m'éloigne pas trop. Je gravis une colline et je surveille. Je sais que les fondations du monastère sont pourries. C'est pourquoi je ne dois pas faiblir. Si je retiens mes efforts et cesse de contracter les muscles de mon ventre, je commencerai à m'effondrer par le clocher. Tic-tac, il est deux heures.

À mon arrivée, j'étais un simple curé. Un jour, l'une de mes briques a commencé à s'effriter. Je suis sorti du pot, à moitié somnambule, je me suis dirigé vers l'un des murs, j'ai plâtré la fissure et ma douleur s'en est trouvée soulagée.

Puis je me suis mis à sentir les murailles. Une invasion de rats qui creusaient des galeries m'a bien fait souffrir avant que je ne parvienne à m'habituer à leurs morsures. J'en tousse encore. J'ai aussi été gêné par le poids de tant de crucifix et par les clous de ces tableaux avec leurs anges, qui s'enfoncent dans mon stuc comme des aiguilles dans la moelle des dents. Je ne pouvais manger le pain : je m'y suis habitué.

La tour et les fondations vinrent ensuite. Sentir les cloches s'agiter dans mon foie fut un bonheur que seule put détruire la vermoulure qui rongeait mes fondations. Je compris ma tâche : je devrais veiller jour et nuit pour ne pas m'écrouler. Que mon clocher, mes murs et mes sols ne disparaissent pas dans l'abîme dépend de ma résistance. Je contracte mon ventre. Je suis le curé-monastère. Je dois lutter.

Les moines disent que je ne suis pas curé. Quand je leur dis qu'un vitrail me fait mal, ils rient. Comment leur expliquer que je sais exactement le nombre de pas qu'ils font sur mes dalles ? Que je sens sous mes côtes combien de fois ils se tournent et se retournent sous les draps ? Ils ne me croient pas. Hier, j'ai bu quatre litres de vin. Ils sont sortis dans le cloître en se frappant la poitrine et en criant : « Tremblement de terre ! » J'ai laissé tomber une corniche sur la tonsure de celui qui riait le plus.

Ils pensent que le monastère est éternel. Je sais que je vais mourir. Je ne suis pas fou : je ne dis pas que je suis le monastère. (Je parle de sa matière). Je suis sa conscience. En même temps, j'existe en tant qu'homme. Ce n'est pas compliqué. Cela n'a rien d'étrange. Si je m'enivre, le monastère tremble. Si le vent traverse ses fenêtres, je frissonne. Mes collègues essaient de sauver leurs âmes. Moi, je lutte pour que les fondations pourries ne s'effondrent pas.

Le bruit de leurs prières produit sur moi des fissures. Je leur ai proposé de prier en pensée. Ils ont chanté plus fort. Juste au-dessous, il y a un éboulement qui fera s'enfoncer l'autel. Je sens la douleur dans un rein. Ce sont eux qui me détruisent avec tant de bourdonnement, tant de crucifix, tant de tableaux, tant d'agitation sous les draps. Ce sont eux qui me nourrissent mal. Ce sont eux qui demain m'abattront.

C'est dimanche. Le Président de la République est venu avec son bel uniforme militaire, suivi de vingt messieurs de l'aristocratie et de nombreux soldats. Je suis plus malade que jamais. Ils ont mis leurs costumes d'apparat. Ils semblent vêtus comme pour un bal. Je n'en peux plus. Pourquoi ne m'a-t-il pas échu d'être curé-cerf-volant ou curé-herbe ? Il eût été délicieux de sentir l'air pur de l'altitude agiter mon humble papier de couleur ou la terre douce et tiède enserrer mes racines.

Je n'ai aucun doute sur ce que je suis. J'éprouve néanmoins le désir de prouver, à eux comme à moi, de façon tangible, que je suis le monastère. Ici, il y a quelque chose qui va mal. Primo : si je ne me décide pas à relâcher mon ventre, jamais les murailles ne tomberont et je n'aurai jamais la preuve. Segundo : si je me décide à franchir le pas mortel, j'aurai cette preuve au prix de la destruction. (Je suis très beau ; sous la pluie, mes tuiles brillent comme des écailles de saumon). Mais si les murailles, malgré mon acte, ne tombaient pas ?

Je n'en serais pas moins ce que je suis. Peut-être ne serait-ce pas ce monastère, mais un autre identique qui peut se trouver n'importe où. De plus, est-il nécessaire qu'existe un monastère « réel » ? Il me suffit de savoir que si je cesse de contracter les muscles de mon ventre, je m'élimine moi-même.

Brûle, sorcière, brûle !

La religieuse était en train de brûler vive. Un mendiant, frigorifié, était arrivé à l'église pour demander asile. Comme elle n'avait rien pour faire un feu et le réchauffer, elle brûla une vierge en bois. Et maintenant l'abbé, un vieillard sec que personne n'avait jamais vu sourire, la brûlait elle, l'accusant d'être une communiste sacrilège. Le bûcher brûla, son corps brûla, et brûla, et brûla, et brûla, les heures passèrent, les jours, trois semaines, et la chair continua à produire des flammes sans se consumer. Les nuits de la ville n'étaient plus obscures, les coqs chantaient sans arrêt, les habitants ne pouvaient dormir. Ils formèrent des files, se passèrent des seaux pleins d'eau pour la noyer, mais l'incendie ne cessa pas. Ainsi, lançant toujours des langues de feu, ils la jetèrent dans un puits qu'ils comblèrent de sable. De ce profond tombeau jaillit une chaleur intense qui attira des mouches, des araignées et des vipères. Ils décidèrent de la déterrer. Ils la trouvèrent encore en flammes, et vivante qui plus est. Ils la supplièrent d'arrêter de brûler. Sans dire un mot, elle alla vers l'église, fit descendre l'abbé de sa chaire et le serra sur sa poitrine. « Entre dans Son cœur ! »

Quand le vieillard se consuma sans laisser de cendres, elle cessa de brûler. Elle prit un balai et, comme d'habitude, se mit à balayer le sol. Les villageois lui apportèrent des morceaux de bois, craignant qu'un autre mendiant arrive et lui demande asile.

Eugènie

Il n'y a ni arts majeurs ni arts mineurs. Chaque ouvrier doit faire de son métier un art. Je suis un artiste ! Maquiller des morts n'a rien de facile : d'abord, le maquillage doit être imperceptible ; il doit ensuite donner un aspect de santé et d'optimisme ; et, enfin, reproduire exactement les traits du patient… Le matériel arrive parfois en mauvais état. Couleur et caractère doivent être restaurés au moyen des informations que fournissent la famille et les amis : des informations toujours contradictoires. Cependant, j'accomplis ma besogne. Là ou il y a froid et déformation, je mets forme et couleur. Je ne fais pas confiance, comme certains médiocres de ma profession, aux yeux des parents, voilés par les larmes ou la peur. Je suis un artiste !… Dans quelques minutes on pourra dire « c'était ».

Un autre, à ma place, serait content. Il croirait avoir atteint le sommet de sa carrière, et aurait de bonnes raisons d'y croire : enfermé dans le Congrès, je travaille sur le cadavre de l'« Immortel ». Dehors, un million de *chemises vertes* attendent que la porte s'ouvre pour défiler près de l'« endormi ». Eux ne savent pas. Moi, je sais.

Hier, douze curés en civil m'ont appelé au Grand Siège. Dans un bureau, après avoir fait toutes sortes de serments à propos de mon silence, ils m'ont révélé le secret. Ils étaient le cerveau et l'« Immortel », leur marionnette… Il faut absolument que les chemises vertes continuent à croire à la survie du chef. Mon travail consiste à le maquiller afin qu'il ait l'air le plus vivant possible, et que je répète chaque jour mon œuvre d'art sans que personne ne l'apprenne. « Le mythe de la résurrection est essentiel à la cause ! », m'ont-ils dit. Ma fortune est assurée. Je devrais être content ; je ne le suis pas. Lorsque les portes s'ouvriront, je signerai ma condamnation, de même que la condamnation de cette fausse doctrine.

Je n'ai jamais pu trouver d'épouse à cause de mon métier. Elles disent que mes doigts exhale l'odeur de mort. De temps en temps, quelque dépravée me cherche pour me baiser les mains. Les pauvres me méprisent parce que je réalise mon œuvre sur des visages de riches. Ils ont tort. Le visage d'un pauvre, vivant ou mort, est presque le même ; il a parfois une expression plus reposée dans le cercueil que celle qu'il avait en vie. Avec les clients de première classe, ce n'est pas la même chose : on m'apporte le matériel déguisé de fracs, d'uniformes, de médailles, d'anneaux, d'écharpes, de croix, de plastrons, et on me demande beaucoup de couleur, beaucoup d'optimisme. Lorsque j'enlève ces frusques pour donner le bain de rigueur, le volume imposant qu'on m'a remis devient entre mes mains un petit corps misérable, avec les plus hideuses expressions de terreur, de méchanceté, d'orgueil ou d'avarice. Eux oui ont besoin de mon art. Et je dois travailler des heures pour faire de leur visage quelque chose de décent.

Je n'ai donc ni enfants ni amis ; et un métier comme le mien incline à aimer la vie. C'était d'une tristesse insupportable… Soudain, fuyant les chemises vertes, arriva Eugénie. Je la cachai. Ils ne la trouvèrent pas. Son père s'était opposé à l'« Immortel ». Le leader, après l'avoir assassiné, était en train d'exterminer toute sa famille. Eugénie avait sept ans et un regard aussi triste que le mien. Dès cet instant, je la considérai comme ma fille.

Elle a été heureuse avec moi. J'ai été heureux avec elle... Elle m'aidait à maquiller. Si nous avions du travail un dimanche, après avoir terminé la besogne nous parlions comme des clowns, improvisant d'absurdes dialogues à propos du mort, à voix basse pour que ses proches ne nous entendent pas. Une blague faisait beaucoup rire Eugénie : nous mettions le défunt assis dans le cercueil, je me plaçais derrière lui, passais mes bras sous ses aisselles et lui faisais mimer un discours sur le temps.

Nous avons passé deux ans ensemble. Je lui ai enseigné mes secrets. Personne ne sait que c'est elle – véritable prodige pour quelqu'un de son âge – qui a maquillé le cardinal Barata. Elle a eu du mal à faire, de l'atroce grimace de scepticisme et de mépris, un sourire béatifique... Le regard triste d'Eugénie n'a jamais changé. Mais son sourire, même après que les chemises vertes l'eurent flétri, brillait comme le soleil. Je ne suis pas un poète : j'affirme que son sourire était pour moi comme le soleil. Mais l'« Immortel » n'avait pitié ni du soleil ni de l'univers tout entier. Je me souviens qu'il a dit : « Si Dieu descend sur terre et que son nez ne me plaît pas, j'ordonne qu'on fusille Dieu lui-même. »

Dénoncer, qu'est-ce qui pousse l'homme à cet acte ? Ni le lucre, ni l'envie, ni la vengeance, ni l'esprit de justice. Je crois que la délation est un instinct. Et l'amour, pourquoi nous conduit-il au risque ? Le bonheur ne peut-il donc se trouver qu'à proximité du danger de mort ? À la fin, je sortais dans la journée avec Eugènie, nous allions travailler en chantant, nous assistions aux défilés avec des torches, nous jouions à la marelle devant les casernes des chemises vertes… Naturellement, on nous a dénoncés.

Je reconnais que le leader était un génie théâtral… On m'a appelé au téléphone. « Deux clients… Un vieux couple… Enterrement de luxe… Le visage de l'homme pour vous… Celui de la dame pour votre assistante… » Nous sommes arrivés à l'adresse indiquée. Un laquais, trop hautain pour son office, s'éloigna avec Eugénie en me laissant dans une pièce. Il n'y avait pas de cadavre. Seulement un cercueil vide pour enfant… Je voulus ouvrir la porte. J'étais enfermé. J'entendis des rires obscènes et des bruits de bottes. J'attendis… Lorsqu'ils me jetèrent le corps d'Eugénie en criant : « C'est ton tour ! », je ne voulus pas comprendre. Je composai sur son visage le maquillage de clown qu'elle me demandait toujours, puis je la déposai dans le petit cercueil.

Enfermé dans le Congrès, je travaille sur l'« Immortel ». Dehors, un million de chemises vertes attendent que la porte s'ouvre. Mon œuvre est terminée… Je signerai ma condamnation à mort. Mais aussi la condamnation de cette fausse doctrine :

— Entrez, chemises vertes, regardez !

Le chien de Ptôsis

Ptôsis se sentit rempli d'orgueil, et il y avait de quoi : après de patientes études, il avait découvert ce qu'on appela par la suite « Le chien de Ptôsis ». Découvrir quelque chose dans le film sacré, *Nuits d'amour à Bombay*, était pratiquement impossible.

La population de Lexgopol, unique survivante des guerres préhistoriques, avait éliminé l'imagination (source de tous les maux) depuis de nombreux millénaires. Grâce à des lobotomies généralisées, l'instinct du jeu avait été supprimé, produisant une race de bureaucrates capables de vivre sans avoir la nostalgie de changements ou d'aventures.

Bien des années passèrent encore. Quand le Général suprême demanda pourquoi le suicide décimait quatre-vingt-quinze pour cent de la population, on lui expliqua que c'était là une sorte d'équilibre nerveux, jouer constituant un aspect essentiel du comportement humain. Le chef ordonna alors de restaurer le ludique. Mais tous les jeux, toutes les œuvres théâtrales, tous les livres, tous les films avaient été effacés, tant de la mémoire collective que de la réalité. De même qu'il était impossible à l'homme préhistorique de raisonner, il était impossible au Lexgopolite de créer quoi que ce soit. L'imagination était perdue à jamais.

Ce fut un événement salvateur lorsque, des cales submergées d'un transatlantique de l'époque barbare, on exhuma un projecteur de cinéma parfaitement conservé et le film *Nuits d'amour à Bombay*, parlé dans un anglais antique. La seule possibilité de divertissement était dans cette bande de celluloïd.

Le film fut projeté, précédé par une cérémonie militaire et scientifique qui, au bout d'un temps bien déterminé, devint religieuse. Des centaines de traités furent écrits sur la psychologie et les costumes des acteurs, le maquillage, le décor, les caractéristiques des personnages, la tournure linguistique archaïque, le type de gestes. Lorsque tous ces thèmes furent épuisés, on étudia la personnalité de chacun des figurants anonymes, on fit le recensement des objets, on inventoria les couteaux et les fourchettes qui apparaissaient dans la scène du clair de lune et chacun reçut un nom de baptême différent, on calcula la taille des vêtements et des chaussures.

Chaque fois qu'on répertoriait une chose nouvelle, les citoyens se pressaient une nouvelle fois dans le temple optique pour l'observer attentivement. « Aujourd'hui, présentation d'un oiseau blanc qui vole dans l'angle supérieur droit ! » En arrivant au passage de l'oiseau, on arrêtait la pellicule, on prononçait des discours et les prêtres cinéphiles parlaient. Parfois, on enregistrait par le numéro qui lui correspondait une tâche sur le celluloïd. Celle-ci était reproduite et ornait le salon principal des hôtels de ville. Puis elle allait grossir les pages de la *Grande Encyclopédie des Nuits d'amour à Bombay*. On organisait des concours. (Seuls pouvaient y participer des individus capables de disserter sur un minimum de cinquante mille détails). Au bout de tant d'années de recherche, chaque millimètre carré était inscrit et avait donné lieu à des psaumes, des essais et toutes sortes d'exégèses. Cela réduisit le suicide collectif à une quantité raisonnable.

Ptôsis était un citoyen qui avait de grandes ambitions. Il avait décidé de passer à la postérité. Chaque jour pendant trente ans, dix heures durant, il regarda le film. Enfin il put voir, à travers les fentes d'un panier d'osier qui apparaissait tout au fond du marché, les mouvements d'un corps opaque. Il parvint à reconstituer sa forme et démontra que c'était celle d'un chien. Il approfondit son étude et catalogua la race canine. Un fox-terrier caché là par son maître, un figurant qui, comme le démontra Ptôsis, était le mendiant baptisé sous le nom : « Apparition de remplissage dans le millimètre vingt sur cent six du marché ».

L'orgueil submergea Ptôsis. On le décora dans le bunker présidentiel, on lui remit un portrait du Général en trois dimensions et il reçut l'hommage charnel de centaines de citoyennes… Jusqu'à ce que Kmôsis, aussi ambitieux que Ptôsis, parvînt à démontrer que ce chien n'était que l'ombre du figurant appelé « Le fumeur de marijuana », du millimètre deux cent trois sur quinze.

On effaça Ptôsis des traités, on démolit sa statue et son nom fut tourné en dérision. De ce fait lamentable naquit une expression très utilisée par les citoyens pour prévenir de vains efforts : « N'allons pas découvrir un chien de Ptôsis ! »

L'idée

Avant que l'idée apparût, je croyais être heureux. Je travaillais au département des Enquêtes. Des files de conspirateurs, assurément communistes, que je ne distinguais pas d'après leurs visages mais grâce aux cartes d'identification qui pendaient à leur cou, attendaient d'arriver à moi. Brandissant un poinçon électrique et un pistolet noir, j'étais le but obligé !

Je me suis toujours appliqué à crever lentement chaque testicule ou mamelon, même si je devais pour cela retarder de plusieurs heures la progression de la file. Par amour pour mon métier, j'acquis des techniques qui me permirent d'obtenir des confessions semblables à des poèmes. Secrètement, je nourrissais la croyance que le Suprême connaissait mon habileté et que, à la fin de chaque journée, il rejoignait son état-major pour admirer les photographies de mes œuvres d'art. (Pour ouvrir un thorax de telle sorte qu'il ressemble à un magnolia rouge, il faut un bon goût extrême.) J'étais fier. Cela, c'était avant. Maintenant, je vomis.

La chose commença par ma faute : faire disparaître un tel ou une telle était devenu pour moi une routine. Avec l'appui du Haut Commandement, j'ordonnais d'effacer son acte de naissance et tous les autres documents officiels, outre son compte en banque, son numéro de téléphone, etc. Cela paraît compliqué, mais c'était relativement simple. Il suffisait d'un coup de fil pour mettre en marche le réseau entraînant la disparition et, en moins de quarante-huit heures, le cryptocommuniste s'évaporait. Bon, il restait son corps, très embarrassant.

Moi-même, lors de fins de semaines confortables, quand je pouvais m'absenter de la capitale de façon discrète, je les débarrassais presque tous de cette chair déjà dépourvue de signification sociale. Un homme sans papiers est un fantôme. Parfois c'était dans le désert, d'autres fois sur les plages désertées ou dans des forêts du sud. Mieux valait ne pas les entasser dans des fosses communes promiscues. Un disparu ne peut former de groupes, il doit aller seul dans le trou, sans croiser de regards qui le définissent en le voyant.

Eux-mêmes devaient creuser leur fosse. C'est curieux comment chacun ouvrait un trou différent : parfois ils étaient rectangulaires, d'autres fois – parce que leurs mains tremblaient –, informes. Il y en avait de profonds et grands, comme s'ils devaient contenir un bœuf, ou si petits que je me voyais obligé de couper le mort en deux pour l'y faire entrer. Curieusement, ceux qui exerçaient une profession intellectuelle creusaient des fosses très peu profondes.

Il n'y a pas beaucoup de différence entre la mort d'un lapin et celle d'un homme ; il suffit d'un coup sur la nuque et le tour est joué. Bon, je ne donnais pas le coup avec mes poings, mais avec une batte de base-ball, par hygiène. Puis je les couvrais de pierres et de terre. Point final. Disparus pour toujours !

Oui, effacer un individu était devenu pour moi routinier. Mais en ce jour d'été, au département des Enquêtes, la queue de tant d'inculpés doit former une spirale pour tenir dans la salle. L'air est vicié. Je peux à peine leur introduire les rats affamés dans l'anus. À l'intérieur du pantalon, à cause de mon ventre en sueur, le revolver glisse. Je me penche pour le ramasser. Survient alors ce qui cause ma perte : une idée.

Ce fut comme si un soleil importun jaillissait brusquement dans ma tête, éclairant des souvenirs, des ordres écrits, de vieilles croyances. En me redressant, j'eus la sensation que mon crâne était un coffre plein de diamants vénéneux. Cela fit naître en moi un tel dégoût que je cachai mes yeux derrière des lunettes noires, de crainte que quelqu'un découvrît ce qui était incrusté dans mon cerveau. Auprès de cette idée, mon passé prit l'aspect d'un magma nauséabond ; malgré tous mes efforts, je me sentis de plus en plus honteux de mes concepts médiocres, et finis par trouver ridicule cette passion que j'avais de faire disparaître des citoyens de manière parfaite.

« J'ai été d'une abominable faiblesse ; je dois me montrer fort. De même que j'ai eu cette idée, je peux l'éliminer ! »

Je demandai un long permis au Comité de Torture. Il me fut accordé avec une facilité qui ne laissa pas de blesser mon orgueil. (Surtout quand je sus qu'on mettait à ma place un vulgaire ancien boxeur.) Je restai enfermé pendant des semaines, contraignant mon cerveau. Je m'inclinai d'innombrables fois. Je m'allongeai sur le dos dans mon lit, regardant le plafond, ou sur le ventre, la tête pendant au bord du sommier. Il ne se passait rien. Mouiller mon front avec de l'eau chaude, me frapper le menton avec le poing, fouetter ma nuque avec une chaussure, tout cela n'eut aucun effet.

En moi l'idée brillait comme une tarentule incandescente. Je me rendis compte qu'il y avait quelque chose d'étranger qui voulait m'utiliser comme un instrument.

« Elle n'a pas été créée par moi. Quand je me suis penché, elle est venue d'ailleurs dans mon cerveau pour se nicher en son centre jusqu'à détruire ma vie. J'interdirai qu'elle sorte de ma bouche ! Je dois l'oublier ! »

J'essayai pendant des mois. Je mangeai peu ; je m'immergeai dans les salles de cinéma ; je participai à des défilés religieux et politiques ; je mémorisai la nouvelle Constitution ; j'eus recours à l'alcool, à la morphine, à l'abrutissement sexuel. Vains efforts : j'oubliai jusqu'à mon nom, mais l'idée ne perdit pas de sa netteté.

En dernier recours, j'eus l'idée de me couper la tête. Toutefois, le doute me retint. Était-ce là le moyen de l'éliminer ? Et si après ma mort l'ancien boxeur, maladroit, laissait tomber quelque chose, les pinces pour les seins par exemple ? En ramassant mon corps, les employés des pompes funèbres se pencheraient. Quatorze fois par semaine, un homme baisse le front en nouant et dénouant les lacets de ses chaussures. Tout le monde penche la tête plusieurs fois par jour, pour différents motifs ! Qui me garantissait qu'une fois libérée de moi l'idée n'allait pas apparaître dans un autre crâne ?

Je rangeai le poignard.

« J'ai la sensation qu'elle joue avec moi. La seule façon d'éliminer cette chose monstrueuse, c'est de faire ce que je sais si bien faire : me faire disparaître. »

Je suivis tout le rituel : je donnai le coup de téléphone maître et le réseau se mit en action. En moins de quarante-huit heures je devins un monsieur Personne. Le samedi suivant, je pris la voiture et m'en fus sur une plage abandonnée couverte d'algues. Là, nu, je laissai surgir mon dégoût. Après de terribles nausées je vomis les os du pied droit ; puis ceux du pied gauche, suivis par les fémurs, les os du pubis, la colonne vertébrale qui jaillit tel un ver blanc, les côtes, les bras, le crâne, enfin mon squelette tout entier. Devenu un tas informe, je vomis les intestins, l'estomac et les autres viscères. Puis ce furent les muscles, la graisse, les artères et les veines, les nerfs et, en dernier, comme une grande feuille morte, la peau. Il ne resta ni la bouche ni rien. Je mens : il restait, palpitant au milieu des algues, semblable à un poisson qui agonise, la mauvaise idée.

Soulagé, j'entrai dans le monde des disparus. Je le trouvai vide. Lorsque je me volatilisai, sortant de l'oubli, ils commencèrent à apparaître.

Maître inutile

Il marcha dans cette ville dans laquelle tous les habitants se pressaient pour rentrer tôt chez eux afin de ne pas être surpris par le couvre-feu. Il avait un nombre infini de réponses, mais il ne rencontra personne qui voulût lui poser une question.

Camp de concentration

Le prisonnier tend ses doigts et à l'aide de traits digitaux forme un labyrinthe dans lequel son âme erre à la recherche d'une issue.

Après la guerre

Le dernier être humain vivant lança la dernière pelletée de terre sur le dernier mort. À cet instant même il sut qu'il était immortel, car la mort n'existe que dans le regard de l'autre.

Le pas de l'oie

Grâce à Dieu je ne suis pas né pauvre. Ma famille m'a appris à mépriser ces hommes du peuple qui ne nous laissent pas déjeuner à la terrasse des cafés du centre sans chercher – leurs visages simiesques faisant d'indignes grimaces de tristesse – à ce que nous leur donnions la côtelette qui est dans notre assiette. Mon père, impeccablement vêtu de gris, chemise blanche et cravate discrète, a la décence de toujours garder un portefeuille bien garni, et donc un esprit satisfait. Les proportions de son corps proclament sans vaine ostentation la qualité de sa naissance. Sa tête tient exactement huit fois dans la hauteur de son corps. Ses yeux sont à l'exacte moitié de sa tête. Son côté droit est identique à son côté gauche. Si avec une scie on le coupait sur la longueur, les deux parties seraient identiques.

Le 18 septembre, jour de notre fête nationale, de sa voix ni trop grave ni trop aiguë, mon père m'a dit :

— Si nous sommes ce que nous sommes et avons ce que nous avons, c'est parce que nous nous sommes entourés d'un personnel qui sait nous défendre. Je t'emmènerai à l'hémicycle du champ de Mars voir défiler notre glorieuse armée.

Protégé par l'ombre d'un kiosque, le Président se trouvait là, entouré de ses ministres ; lui et eux, parfaitement symétriques. Les soldats, en blocs compacts, en rangées de vingt de large sur quarante de profondeur, couverts de casques en forme de champignons et de masques de Mickey Mouse, en arrivant devant la tribune levèrent la jambe à hauteur de nombril pour ensuite la reposer au sol en donnant d'énergiques coups de talons. Dissimulant un sourire de fierté – toute expression faciale lui étant interdite –, mon père murmura :

— Ne l'oublie jamais, mon fils, ceci est le pas de l'oie !

— On dirait une pluie de balles, il me fait peur ! À quoi leur sert-il ?

— À part faire peur aux pouilleux, il sert à tuer les fourmis !

— Mais que leur ont-elles fait, les pauvres ?

— Eh bien… elles existent sur leur chemin !

Pour la première fois – bien que je n'aie rien à voir avec les fourmis : ma mère, chaque fois qu'elle voyait une file de ces petites ouvrières, en général dans la cuisine, prenait le lance-flammes domestique et, retenant sa fureur pour murmurer un froid « Voleuses ! », les transformait en cendres, sans qu'aucune tourmente n'éclate dans mon cœur – circula dans mon sang une douleur étrange que j'identifiai ensuite comme de la « pitié ».

Lâchant la main bien faite de mon père, aux doigts de longueur régulière et aux ongles montrant une parfaite demi-lune blanche, je me faufilai entre les bottes des carabiniers, sautai les barrières, courus vers la piste et, une fois au milieu, levai les bras vers le bloc des soldats.

— Ne levez pas les jambes aussi haut ! Ne punissez pas le sol de cette façon ! Pensez aux pauvres fourmis ! Avancez sur la pointe des pieds ! Évitez-les ! Ce sont des petites fourmis chiliennes ! Elle sont nos compatriotes !

Que pouvaient faire ces pauvres sbires ? Freiner tout à coup pour se faire emboutir par le bloc qui suivait ? Tomber comme dans un jeu de quilles ? Par ailleurs, le Président pouvait-il ordonner à son armée de s'arrêter, acceptant qu'un enfant soit plus important que toutes les armes ? Ils optèrent pour la seule solution possible : m'ignorer. Les coups de leurs souliers, dans leur progression impétueuse, écrasèrent mon corps.

Le défilé dura une heure. Lorsque le chef, ses ministres, les cinq mille soldats et les nombreux spectateurs s'éloignèrent du parc, je restai sur le chemin de terre, changé en une tache rougeâtre, plate comme un coup de langue. Mon père, qui de honte s'était caché derrière le tronc d'un arbre, me ramassa et, m'emportant caché, enroulé à l'intérieur de son parapluie, rentra chez nous, dans le quartier résidentiel, espérant passer les murailles sans que les gardiens, ou leurs chiens, ne se rendent compte qu'il était accompagné d'un fils si indigne.

La tête de ma mère aussi tenait exactement huit fois dans la hauteur de son corps, de même que son côté droit était identique à son côté gauche… En me voyant étendu sur la table, peu différent d'une nappe, elle dit de sa voix ni trop grave ni trop aiguë :

— Cet enfant a commis une grave imprudence. Il ne faut surtout pas que les voisins l'apprennent. Allons à la chambre froide.

Couchés sur des tables de marbre, cent corps symétriques, parfaitement semblables, attendaient ma décision.

— Prévoyant l'avenir, grâce à notre fortune, nous avons heureusement acquis une collection complète d'échantillons afin que tu ne te plaignes pas, comme un fils de pouilleux, d'avoir disparu à la première destruction sans que te soit donnée l'opportunité de choisir…

Je les examinai un à un ; je les mesurai, les observai de loin et de près, par devant et par derrière, me fis le miroir de leur unique expression ; j'hésitai. Mes géniteurs commencèrent à prendre froid. Les corps symétriques de mes quatre grands-parents firent irruption dans la chambre froide.

— Il faut te décider, petit crapaud aplati. Si tu continues ainsi, nous allons attraper une pulmonie.

— Je choisis mon propre corps, dans l'état où il est !

— C'est impossible ! susurra ma mère.

— C'est impossible ! susurra la mère de ma mère.

— C'est impossible ! susurrèrent mes trois autres grands-parents.

— Pense, mon fils, que tout le monde va dire que nous n'avons pas les moyens de te donner un corps symétrique, bredouilla mon père tout à fait malgré lui.

— Si on te donne la possibilité d'avoir un organisme nouveau chaque fois que tu détruis le précédent, en ajoutant à cette obligatoire solution le plaisir du libre choix, tu as le devoir moral de mettre cette chance à profit. Ne comprends-tu pas que notre famille se rendrait ridicule si dans *Vie sociale*, au milieu de nos corps convenables, tu apparaissais comme un hamburger écrasé par un éléphant ? récitèrent-ils tous, remplaçant les lamentations par de tristes éternuements.

Ma mère s'évanouit.

— Foin d'hypocrisies, donnez-moi le corps idéal que vous me gardez en réserve !

La famille contint un soupir de soulagement.

Ils ouvrirent un réfrigérateur de luxe. Enveloppé dans du papier doré se trouvait un corps régulier, avec une tête entrant exactement huit fois dans sa hauteur, avec des yeux juste au milieu de la figure et le côté gauche identique au côté droit.

Je me dépouillai lentement de mon corps plat et enfilai le nouveau.

La famille me bénit :

— Puisse Dieu multiplier l'argent que tu possèdes. Puisses-tu rencontrer l'épouse-miroir qui te convient.

— Merci, répondis-je d'une voix ni trop grave ni trop aiguë.

La vie continue avec son habituelle monotonie. Nous nous levons à la même heure, mangeons ensemble sans faire de bruit avec la bouche, nous accumulons les chèques que nous envoient les locataires effrayés, nous éteignons les lumières à une heure convenable et dormons connectés à l'ordinateur onirique qui dissout les cauchemars. Tous se disent heureux, sauf moi. Constamment résonnent à mes oreilles les souliers du pas de l'oie. Caché sous les draps et mordant mon oreiller, j'essaie d'étouffer mes sanglots. « Pauvres fourmis ! »

Illusion équine

Un grand guerrier dompta un cheval sauvage et, monté sur lui, conquit des villes, des pays, des continents. Lorsque son maître mourut, l'animal annonça d'un ton rempli de fierté : « Je continuerai la conquête ! », et il se lança à l'attaque. Il fut tué en quelques secondes et sa viande donnée aux chiens !

Que meure la lune !

Le Dictateur suprême eut un mauvais rêve :

Changé en souris, tôt le matin, observant son ombre il se sentait immense. Rongeant des murs de ciment, il forçait des garde-manger pour dévorer des kilos de fromage ; il grimpait jusqu'aux terrasses où l'attendaient de délicieux fruits mis à sécher ; il faisait fuir les colombes, ne dédaignant pas de dévorer leurs rations d'alpiste. Cependant, peu à peu, il perdait de son assurance et à midi, pendant un instant, il criait, affolé, croyant que le ciel allait lui tomber sur la tête. Puis, millimètre par millimètre, sa confiance en son propre pouvoir augmentait. Plus féroce que jamais, il dévastait les greniers, fécondait les femelles, poursuivait les mâles les plus faibles, jusqu'à ce que le soleil fît naufrage à l'horizon. Lorsqu'il se retrouvait sans ombre, il se rendait compte qu'il n'était pas grand-chose, qu'il existait à peine. Voulant s'approcher de la lune, afin que sa lumière le grandisse, il se jetait au fond d'un puits. Il mourait noyé.

Émettant des sons rauques, il se réveilla furieux. Il ordonna aussitôt qu'une fusée fût lancée sur la lune pour la désintégrer.

La marchande de lampes et de nez

Dans cette ville, aucune maison n'avait de fenêtres. Les pièces étaient des cubes noirs. On ne connaissait pas la lumière. Dans les rues coulaient des fleuves de ténèbres, l'atmosphère polluée formant un bouclier impénétrable aux caresses du soleil. Les habitants de ce monde n'avaient pas de nez. Se sentant heureux, ils habitaient dans l'ombre, uniquement soucieux de travailler pour remplir leur estomac et de satisfaire leurs appétits sexuels... Un beau jour apparut une vieille qui criait : « Je vends une lampe et un nez ! » Un citoyen qui passait par là se sentit attiré vers l'étrange femme : ses yeux brillaient dans le noir comme deux lucioles. Il acheta la lampe et le nez. Lorsqu'il voulut la payer, la vieille refusa de recevoir l'argent. L'homme revint rapidement dans son cubiculum. À peine eut-il fermé la porte qu'une insupportable odeur pénétra ses fosses nasales et mortifia son cerveau. Il alluma la lampe. Ce qu'il croyait être une jolie pièce propre, tranquille, était un nid d'araignées, d'ordures, d'aliments pourris, de meubles vermoulus, de couches de graisse, d'excréments de souris. Il ne put demeurer en ce lieu répugnant ! Il parcourut les rues jusqu'à ce qu'il rencontre la vieille. « Sorcière, qu'avez-vous fait de mon élégante demeure ? Avant je vivais bien, comme tout le monde, mais dès que j'ai mis votre nez et allumé la lampe, ces deux objets ont changé mon monde. Pourquoi tant de méchanceté ? » La dame répondit : « Ton monde n'a pas changé : il est ainsi ! Avant tu ne te rendais pas compte et croyais te trouver bien dans un endroit qui tôt ou tard t'aurait détruit. Lorsque nous acquérons de nouveaux organes et que la lumière se fait, nous souffrons car nous nous voyons tels que nous sommes réellement et non tels que nous imaginions être. Maintenant que tu sais quelle est ta réalité, tu dois ouvrir des fenêtres, tuer les parasites, lessiver les murs, désinfecter l'endroit et tu seras heureux. Alors, donne la lampe et le nez à un autre citoyen, comme je l'ai fait moi-même.

Le héros et l'idiot

Le tyran massacrait des populations entières. Ceux qui parvenaient à s'échapper devenaient guérilleros. Parmi eux se trouvait un homme qui, incapable de manier une arme, passait son temps à faire la cuisine. Un jour, ils trouvèrent dans un village dévasté un enfant moribond. Comme il n'avait pas de parents, ils décidèrent de l'abandonner là. L'incapable s'y opposa et voulut l'adopter. La créature survécut et grandit. Le cuisinier lui apprit la seule chose qu'il savait faire : la cuisine. Toujours au fourneau, le garçon voyait les autres garçons apprendre le maniement des armes avec leur père. Il finit par insulter l'ignorant : « Idiot, regarde ce que tu as fait de moi : j'ai assez de forces pour renverser dix tyrans et me voilà ici en train de remuer la cuillère de tes soupes insipides ! Tu me fais honte ! » Et il partit à la recherche des autres guérilleros. Il apprit à combattre. Puis il devint chef. Il rassembla les groupes dispersés. Il attaqua le tyran et le décapita. La paix vint, et avec elle une épidémie. À la tête de sa puissante armée, il parcourut le pays, brûlant les villages infectées. Dans l'un d'eux, parmi les nombreux cadavres, un bébé gémissait. Personne ne voulut s'en approcher par peur de la peste. Soudain, un vieux en haillons bondit entre les flammes, courut vers le bébé, se mordit un bras et le nourrit de son sang. Le héros reconnut l'idiot de son enfance. Il s'agenouilla devant lui et, pour la première fois, il l'appela père.

Le dernier ogre

Il avait beau dormir près de la cheminée, vêtu de son uniforme d'apparat, couvert de la cape de défilé, de la courtepointe vert-de-gris et de l'épais étendard de sa section de torture, il souffrait du froid en hiver. On lui avait donné un appartement en face du piquet de carabiniers pour que les voisins, qui refusaient de croire que la vieillesse l'avait diminué, ne craignent pas pour leurs enfants. Le plafond bas de cette construction moderne l'obligeait à marcher courbé. Les centaines de jambons qui épaississaient les murs ne lui laissaient qu'un étroit passage allant du fauteuil renforcé à son immense lit. Une longue lettre du ministre de la Guerre au ministère de la Santé publique, expliquant le grand danger qu'il y avait à le garder à jeun, lui avait obtenu la nourriture sollicitée. Chaque jambon – il en dévorait un par jour – sauvait un enfant. En remerciement de cette faveur il permettait que, de dix heures à onze heures du matin, conduits par des prêtres et des officiers, lui rendent visite des groupes d'écoliers qui lui offraient, timides mais fascinés, quelques chocolats. Lui les acceptait pour dissimuler la salive qui emplissait sa bouche devant le parfum de ces chairs tendres... De la sorte, insatisfait, le reste de la journée lui était insupportablement long. La musique ne pouvait lui servir de consolation, car il avait beau s'appliquer à faire des gestes délicats, ses grandes mains brisaient violons et claviers. Même pas la peine d'imaginer, avec cet hypocrite Gouvernement démocratique, qu'on pût le laisser se divertir en dépeçant un prisonnier politique. Les livres auraient pu être sa meilleure compagnie, mais par honte de demander d'énorme loupes, il cacha sa myopie. Quand les cadets de l'École militaire venaient l'observer, il prenait la Bible et, arborant un sourire béat, il faisait semblant de lire, comme si cette activité remplaçait amplement l'absence de l'ogresse qui aurait pu l'aider à construire une agréable famille de bourreaux.

La veille de la visite annuelle du Président et de la Première Dame – ils venaient lui remettre une médaille en plastique imitation or pour le récompenser d'une vertu que les psychologues officiels avaient baptisée « docilité de mouton acquise » –, il fit un mauvais rêve. Il se vit habillé en saint

Christophe dévorant une fillette de cinq ans. Il la mangea entièrement, sauf les doigts des mains et des pieds. Il cacha chacune de ces vingt extrémités dans un jambon. Il murmura une phrase : « Dans l'espoir du réconfort, on ne sent pas la souffrance. » Il se réveilla en salivant. Il regarda ses grappes de jambons et se mit à pleurer.

Quand le président entra avec sa suite, il ne put se lever du fauteuil. En guise de salut, il lança juste un grognement, faible pour lui, assourdissant pour ses visiteurs. Aussi la Première Dame, à qui revenait l'honneur d'accrocher le médaillon à l'énorme cou, s'approcha-t-elle de lui en tremblant des pieds à la tête. L'intense odeur d'adrénaline, les yeux trop ouverts et les poils hérissés de la dame réveillèrent chez l'ogre une voracité qu'il croyait ensevelie à jamais. Il la prit par les bras et en un clin d'œil les lui arracha. Ensuite, d'un coup de dent il lui coupa la tête et la broya. Le cortège, jetant au sol le Président, passa sur son corps en essayant d'atteindre la porte. L'ogre les ramassa comme s'il s'agissait des grains de raisin d'une appétissante grappe. Il ne lui fallut pas plus d'un quart d'heure pour les dévorer tous. Après s'être léché les babines et avoir éructé, satisfait, il se rendit compte de ce qu'il avait fait. Mille sirènes hululèrent dans son cerveau et tous les conditionnements pacifiques piétinèrent son âme. « J'ai laissé le pays sans gouvernement ! Quelle atrocité ! » Pleurant des larmes de la taille d'un pigeon, il se mit à lancer ses jambons par la fenêtre. Lorsque les murs furent nus et qu'en bas l'armée, sortant de sa surprise, pointait sur lui toutes ses armes, il ramassa les costumes déchirés, les chaussures de ses victimes et sortit dans la rue. Il tomba à genoux, brisant les pavés. Ses lamentations firent vibrer les immeubles. La foule et les soldats, n'osant faire un geste ou prononcer un mot, observèrent son douloureux et sincère remords. Un général lança l'ordre de le fusiller. Le vice-président qui, voulant fumer une cigarette, n'était pas entré dans l'appartement de l'ogre avec la suite présidentielle l'interrompit : « Halte ! cet homme n'est pas un criminel, c'est un justicier. Je peux à présent révéler que le défunt Président volait l'or du pays, l'envoyant par sacs pleins, accompagnés de la Première Dame, par voie diplomatique, sur un compte bancaire en Suisse. Comme le haut commandement me revient à présent, je nomme

Don Virgilio González Vargas bourreau national. Tous les hommes politiques qui s'écarteront du sentier démocratique seront dévorés par notre citoyen patriote ! »

Jusqu'à cent dix ans, sans avoir besoin de jambons, bien nourri, aussi gros qu'une montagne, l'ogre vécut une vie paisible, recevant à chaque appétissante exécution les applaudissements du pays. Il mourut dans son immense lit en faisant le salut militaire. Il fut enterré, son long cercueil couvert du drapeau national… Au lendemain de son décès, le chaos éclata dans toute la République.

La bille

D'après les exigences du protocole, un roi qui tyrannisait impitoyablement son peuple devait sortir de sa forteresse dans un carrosse d'or, parcourir l'Avenue centrale jusqu'au parc où l'attendait son armée et rendre les honneurs au drapeau. Son régime rapace avait semé un si grand mécontentement que le tyran craignait pour sa vie. Ses séides prirent toutes les précautions imaginables : le mandataire fut couvert d'une maille d'acier ; le carrosse, entouré de lanciers montés à cheval ; le chemin, bordé de spadassins pour interdire que le peuple ne s'approche de la voiture dorée. Sur les toits et aux fenêtres furent disposés des milliers d'archers prêts à lancer leurs flèches au moindre geste suspect. Ils fermèrent les voies d'accès et ne laissèrent entrer que des citoyens qui avaient été jalousement enregistrés. Pour couronner ces précautions, ils mirent des boucliers sur le carrosse et un toit d'acier… Le défilé se mit en route ! La foule, apeurée, n'osait bouger un doigt. Un vieillard qui éternua fut traversé de cent flèches… Le fils d'un gardien, assis près de son père, jouait aux billes tandis que celui-ci surveillait les spectateurs. L'enfant, en voyant cette imposante et menaçante voiture, eut si peur qu'il laissa tomber l'une de ses billes. Celle-ci roula entre les sabots des chevaux et alla échouer sous une roue qui, en passant sur elle, rebondit et sortit de son axe, entraînant le renversement du carrosse et la mort du tyran, écrasé sous le poids de ses blindages.

Le pou du colonel

Un très humble pou ne connaissait que l'aridité de la tête d'un simple soldat. Il ne se plaignait pas de son sort – ses ancêtres, pendant des générations, avaient vécu sur ces hauteurs désertiques – et, ne connaissant que ces cheveux puants, se trouvait incapable d'aspirer à meilleur logis. Le sort voulut que le colonel passât en revue la troupe en sueur.

Le poux, tout ému, leva l'une de ses pattes de devant pour faire lui aussi le salut militaire ; c'est alors qu'un brusque coup de vent le tira de son abri nauséabond et alla le déposer sur la tête du colonel. L'insecte fut rempli d'orgueil. « L'armée est sous notre commandement ! » s'exclama-t-il. Et une chaude sensation de pouvoir envahit son cœur. À partir de ce jour il n'eut que mépris à l'égard de ses congénères. Bien plus, il pria le ciel que son chef les exterminât, tant ils étaient sales et disgracieux. Accroché à la chevelure parfumée, il se sentit le maître du monde, obéi de tous.

Bientôt une mutinerie éclata et les soldats, munis de lance-flammes, brûlèrent le colonel. Le pou, bien qu'il ne cessât de crier : « Je suis innocent ! », mourut grillé, comme la tête qui l'abritait.

Le lion et l'âne

À l'unanimité, le lion fut nommé Empereur de la forêt. Au début, la digne charge le remplit d'orgueil, mais quelques jours plus tard il fut envahi par l'angoisse. Dans toutes les clairières et les recoins éclataient de cruelles batailles. Personne ne pouvait se déplacer en toute sécurité sur les sentes. À la tombée du jour, les animaux s'enfermaient en tremblant dans leurs terriers. De nombreuses espèces avaient dominé le secret du feu et conservaient des braises ardentes prêtes à brûler la forêt s'il le fallait, même si la plus grande partie de ses habitants devait périr... L'Empereur appela l'âne, son Premier ministre. Il pleura amèrement dans l'une de ses longues oreilles.

— Mon fidèle collaborateur, je n'aurai jamais la force de résoudre un problème aussi énorme ! Nous allons à la catastrophe !

L'âne, faisant de grands efforts, réfléchit et dit ensuite :

— Cher Maître, si vous ne pouvez résoudre un immense problème, essayez au moins d'en résoudre un petit, qui soit à la mesure de vos forces. Pouvez-vous mettre de l'ordre dans la forêt tout entière ?

— Non !

— Dans ce cas, essayez de mettre de l'ordre là où vous vivez.

— Je ne peux pas, répondit le lion. Mes courtisans sont si jaloux que je n'arrive pas à lever une armée.

— Alors, mettez de l'ordre dans votre cour !

— Impossible ! Il y a de telles disputes dans ma propre famille que je n'ai pas le temps de penser à autre chose !

— Réglez donc, ô Majesté, les problèmes de votre famille.

— Je ne peux pas, âne que tu es, car je me débats moi-même entre l'envie de servir mon peuple et le désir vorace de le manger !

Et le fauve bondit sur son Premier ministre. Tandis qu'il était dévoré, l'âne pensa : « Voilà ce qui m'arrive pour essayer d'améliorer le lion avant de m'améliorer moi-même. »

Tâche intime

Un monsieur veut nettoyer l'ouverture postérieure de son éléphant avec un carte de visite. À peine a-t-il entrepris la tâche intime qu'il se rend compte que le bristol est insuffisant, le cercle plissé exigeant plutôt la double page d'un journal. N'ayant pas autant de papier ou ne voulant pas aller le chercher, l'homme décide de coudre la sortie jusqu'à ce qu'elle soit de la taille d'une pièce de cinq centimes. Alors, le plus facilement du monde, il réalise le nettoyage… L'intestin du pachyderme, manquant d'une issue appropriée, accumule les matières pestilentielles qui, en fermentant, font éclater l'animal tout entier. L'un des morceaux aplatit le monsieur tandis que le reste salit et infecte la noble maison.

Le minibar

Chambre d'hôtel : une porte avec de nombreuses serrures, un lit, une chaise, un minibar. La porte s'ouvre, entre un groom, petit, entre deux âges, couvert de taches de rousseur, qui porte une valise. Il la pose sur la chaise et reste immobile. Entre le client :

un voyageur vêtu d'un pardessus couvert de poussière ; du col relevé émerge un visage si ordinaire qu'il est impossible de le décrire, et encore moins de le mémoriser. Le groom tend son unique main. La paume est tachée de sang, de poulet apparemment. Le voyageur y dépose une pièce. Le manchot, n'ayant pas de queue, agite ses fesses. Il balbutie :

— Merci monsieur. Dès que je serai sorti, fermez les serrures. Elles sont automatiques, elles resteront fermées toute la nuit jusqu'à sept heures du matin. Comme vous ne pourrez sortir, vous avez un pot de chambre sous le lit. N'essayez pas de téléphoner, les alchimistes ennemis ont coupé les lignes. Si vous observez ces instructions, vous dormirez tranquille, à l'abri de tout danger. Bonne nuit, monsieur.

Le voyageur, d'une voix qui semble venir du passé, lui répond :

— Merci, mon garçon, bonne nuit.

Le groom sort. Le voyageur, répandant de petits nuages de poussières chaque fois qu'il fait un geste, ferme les serrures. Chacune d'elles émet une courte marche militaire. Puis c'est le silence. Un silence rance, putride, qui semble enroulé dans des bandages. Le voyageur vérifie s'il peut rouvrir les serrures : cela lui est impossible. Il pousse un soupir aux échos de coffre troué, qui veut être de satisfaction. Il ouvre sa valise, sort une bouteille de liqueur en forme de jambe de femme, un gobelet de métal fabriqué dans un cul d'obus et se sert à boire. Il boit, fait une grimace, comme si la langue lui piquait. Il laisse pendre entre ses lèvres l'appendice sec où s'accrochent quelques croûtes de boue récalcitrantes. Il se dirige vers le minibar et tente de l'ouvrir. Il n'y parvient pas.

— Merde ! Ils se sont trompés de clé !

Il décroche le téléphone qui se trouve près du lit. Il ne marche pas. Il le secoue, le frappe. Il s'interrompt. Il se parle à lui-même, d'une voix dépourvue de toute trace de tendresse.

— Idiot, on t'a dit que les lignes étaient coupées !

Il va vers la porte, essaie de l'ouvrir. Il n'y arrive pas. Il s'impatiente, trépigne. Il s'arrête.

— Crétin, on t'a dit que tu allais être enfermé jusqu'à demain !

Il s'assoit sur le lit, boit une autre gorgée. Il a des frissons qui, secouant son pardessus, le submergent d'un halo de poussière.

— Pouah ! sans glace, sans soda, un vrai vomitif, imbuvable !

Il soulève le matelas, secoue la tête pour échapper à la puanteur de sueurs moisies et enlève une planche du sommier. Il va au minibar et entreprend d'ouvrir la porte en utilisant la planche comme levier. Le bois se brise. Désespéré, avec des geste de vieille femme nerveuse, il cherche sous le lit et tire le pot de chambre. Se servant de l'anse, il force le minibar et parvient à l'ouvrir au milieu de rires de victoire.

Aussitôt, sortant de l'intérieur du meuble, jaillit le hululement tonitruant d'une sirène d'alarme. Effrayé, le voyageur ferme la porte du minibar. Celle-ci se rouvre immédiatement et le hurlement métallique augmente. Des coups violents font trembler les murs. La voix de quelqu'un qui parle dans un mégaphone s'ajoute au hululement de la sirène.

— N'essayez pas de vous enfuir ! Ouvrez immédiatement ou nous tirons !

— Je regrette, je ne peux pas : les serrures ne fonctionnent pas la nuit.

— Cessez de résister ! Ne mentez pas ! Ouvrez !

— Je vous l'ai dit : je ne peeeeeux pas !

Une violente explosion ouvre un trou dans la porte. Trois policiers armés de mitraillettes, cuirassés et casqués, font irruption dans la pièce.

— Haut les mains, voleur ! Un mouvement suspect et nous faisons voler votre infecte cervelle en éclats !

Le premier sbire enfonce le canon de son arme dans la bouche du voyageur. Le second enfile des gants de chirurgien, introduit les mains dans le minibar et arrête la sirène. Le troisième renifle le pot de chambre. Aucune odeur d'urine ou d'excrément ! C'est suspect !

— Sacrilège, vous avez forcé la porte d'un minibar sacré ! Grave… Très grave !

— Mes amis, jamais je n'ai voulu forcer quoi que ce soit. On m'a donné une mauvaise clé…

Les policiers empourprent les joues livides du voyageur à force de le gifler.

— Monstre, nous ne sommes pas tes amis ! Il ne te servira à rien de mentir !

Ils appellent sur leurs téléphones portables.

— Apportez immédiatement la liste du *stock* ! Nous verrons quelle quantité a été volée !

Le groom entre sur-le-champ, agitant une liste écrite sur un long parchemin. Il s'agenouille devant le minibar et, après s'être signé, examine le contenu en comptant à haute voix. Cette voix est semblable à celle d'une poupée de ventriloque.

— Trois sodas, exact… Un jus de tomate, un jus de mangue, un jus de pomme, exact… Deux paquets d'amandes salées, exact… Petites bouteilles de cognac, tequila, gin, vodka, exact… Les articles de consommation, intact… Mais… Oh, oooh ! ooooh ! La canaille ! Il manque le principal : la pierre philosophale, le dissolvant universel et l'élixir de longue vie ! Rien de moins que les trois produits alchimiques !

Le voyageur transpire. Les gouttes, en descendant sur son front terreux, laissent des traînées sombres, qui font que le visage paraît être derrière des barreaux.

— Messieurs, il y a ici une confusion. L'alchimie ne m'intéresse pas du tout. Je voulais boire un whisky avec du soda, voilà tout.

— Votre excuse ne tient pas ! Tous les citoyens ont le devoir de connaître par cœur le code alchimique ! Personne ne peut alléguer l'ignorance de ce texte ! Dire : “L’alchimie ne m’intéresse pas du tout”, c’est avoir le cynisme de déclarer qu’on est un traître !

Les policiers s’acharnent sur le voyageur : ils lui donnent des coups de culasse dans le ventre, dans le dos, dans les côtes, dans la tête. Le sang qu’il crache peint des papillons grenat sur son pardessus.

— Qu’avez-vous fait de la pierre ? Qu’avez-vous fait du dissolvant ? Qu’avez-vous fait de l’élixir ?

Une douleur atroce transforme les plaintes du voyageur en hurlements de colère. Il se dépouille du pardessus. Son corps apparaît, couvert d’une tunique semblable à celle que porte Jésus Christ sur les chromos populaires.

— Chiens de merde, la maudite pierre, le maudit dissolvant et le maudit élixir, les trois fameux produits alchimiques, je les ai avalés !

Les policiers et le groom sentent le sol se changer en marécage sous leurs pieds. Ils titubent comme des hommes ivres.

— Ah ! non ! Ce n’est pas possible !

— Je le répète, salauds, je les ai avalés ! Brisez-moi les os, fendez-moi le ventre, peignez de rouge cette immonde chambre avec mon sang !

Misérables laquais, exercez votre impuissante autorité sur mon corps !

Le voyageur, hors de lui, dans l'extase que provoque la douleur qui dépasse les limites de la sensibilité, avance vers les policiers en ouvrant les bras comme si c'étaient des ailes d'ange. Ceux-ci, pris d'une étrange terreur, reculent. Le groom s'enfuit de la chambre en faisant entendre des cris de perroquet. L'illuminé s'accroche à un uniforme. Les militaires, poussant des cris d'épouvante, le repoussent avec le canon de leurs mitraillettes.

— Ne nous touche pas, maudit ! La pierre que tu as avalée t'accorde le don de transformer les loups en brebis ! Ne change pas notre férocité en charité, le sort de la patrie repose sur la haine ! Si nous sommes du métal vil, c'est par raison d'État, ne commets pas l'erreur de nous changer en or ! Au secouuuurs !

Les policiers essaient de fuir. Le voyageur, avec un sourire mielleux, s'interpose entre eux et la porte pour les embrasser et les caresser. Les trois brutes respirent la bouche ouverte, comme s'ils étouffaient ; ils luttent faiblement, entre terreur et plaisir, pour se libérer de telles démonstrations d'affection incongrue.

— Ne résistez pas… Rendez-vous… Après la mutation vient la sainte dissolution…

— Mmmm… Aaah… Mais… ! Attention !… Ne nous donnons pas au plaisir. Le dissolvant universel effacera nos noms, notre histoire personnelle… En perdant la mémoire nous deviendrons de bons enfants… Nous cesserons de servir la Patrie en portant notre haine sur elle… Les millions de faux alchimistes qui se pressent aux frontières nous envahiront pour faire de chaque foyer un four écœurant… Ce n'est pas possible !… Mmmm… Aaah…

Dans un suprême effort, extirpant une énergie douloureuse des idées implantées par le devoir, les policiers secouent la tête, se donnent des coups de poings sur les joues pour les faire saigner, se défont du voyageur et se réfugient, haletants et la langue pendante, dans le coin le plus sombre de la chambre. Bientôt ils oublient leur faiblesse et intriguent entre eux.

— Monstre séducteur ! Il est de notre devoir de lui faire vomir la pierre, le dissolvant et l'élixir…

Tous trois – le tronc penché à angle droit et le nez voulant être harpon – se jettent sur le voyageur.

Celui-ci, d'un geste impératif, les arrête. Ils tombent à genoux, tremblant comme des chiens que le maître menace de frapper. Ils gémissent en demandant pardon. Le sourire mielleux se transforme en une grimace d'implacable colère.

— En châtiment de votre répugnante rébellion, à l'instant même, ici même, vous allez réaliser le Grand Œuvre alchimique !

— Oooh, nooon !

— Oooh, siii ! Vous allez immédiatement sortir du magma infect de vos ego inférieurs pour atteindre la Conscience suprême !

— S'il vous plaît, tout sauf ça ! On ne joue pas avec les choses éternelles ! La Conscience suprême ne nous appartient pas : si nous la réveillons, elle va faire éclater notre cerveau ! Pitié !

— Ça suffit ! Commencez votre prise de conscience ou je vous dissous !

Le voyageur tend son index et fait un geste menaçant. Les policiers crient et se recroquevillent, essayant de s'encastrer les uns dans les autres. Ils parlent en pleurnichant :

— Nous sommes des êtres complexes et désorientés qui n'arrivent pas à savoir d'où ils viennent, qui ils sont, où ils vont… Nous réussissons rarement à penser clairement : les émotions et les instincts nous dominent, nous ignorons ce qui vaut la peine dans cette vie… Nous aimerions pouvoir être supérieurs aux autres et connaître les vérités qu'ils ignorent. Mais comment faire ? Comment nous mettre en contact avec notre propre esprit pour que sa force pénètre dans ce que nous appelons "ma personne" ?

— Misérables coyotes, lorsque vous vous serez libérés de toutes les définitions, vous incorporerez la Conscience suprême à vos esprits, en la persuadant par la prière ! Allons, cessez de pleurnicher et jetez hors de vos cerveaux malodorants tout le superflu !

Les trois policiers, les yeux globuleux, sans sourciller, crient, s'enhardissant comme s'ils répondaient aux ordres d'un général :

— Dehors mon nom ! Dehors mon âge ! Dehors ma nationalité ! Dehors ma définition sexuelle ! Dehors mes idées ! Dehors mes sentiments ! Dehors la tyrannie de mon corps ! Viens à moi, Conscience éternelle qui m'habite ! Pense avec mon cerveau ! Sens avec mon cœur ! Vibre avec mes instincts ! Dirige mes mains ! Empare-toi dès maintenant de ma volonté afin qu'elle ne soit plus au service des passions ! Parle par ma bouche ! Parle par ma bouche ! PARLE PAR MA BOUCHE !

Les policiers sont tombés en transe. Se déplaçant comme des zombies, ils se regroupent autour du voyageur qui, comme eux, fait les yeux blancs. Tandis que de la gorge de l'étranger surgit une voix profonde et inhumaine, les militaires remuent les lèvres en détachant les syllabes de leurs phrases comme si ces mots jaillissaient de leur âme.

— Je suis le maître et le seigneur de ton cerveau. Je peux exister dans ton espace personnel ou me projeter dans des dimensions différentes grâce à ta conscience. Pour me permettre de te posséder, tu as cessé d'être un cadavre animé par les seules impulsions animales, tu t'es transformé en un être humain réel, dirigé en tout par moi, qui suis ton essence impérissable. Merci de me donner le contrôle et d'accepter que je me manifeste à travers ton cerveau. Je peux faire qu'enfin le Verbe soit créateur de matière. Par exemple, je vais dire "feu !" et tout brûlera… Que tout brûle ! Feu !

À ce moment précis, par miracle ou à cause d'une panne de la centrale électrique, les lumières de la pièce virent au rouge. Du pot de chambre jaillit une énorme flamme et une fumée épaisse… Le voyageur rit en poussant des éclats de rire malins. Les policiers, sortant brusquement de leur transe, effrayés, tremblants, se collent aux murs, les griffant comme s'ils voulaient grimper dessus.

— Noon ! Le feu final ! La *géhenne* ! La diabolique flamme alchimique qui veut tout purifier ! Au secours !

Au fond de leurs pantalons apparaît un soleil couleur café. Des urines orangées et denses coulent sur leurs jambes. La pâleur de leurs visages vire au verdâtre. Leur terreur est telle qu'ils ne peuvent presque plus respirer.

Le groom entre brusquement, coiffé d'un casque de pompier, portant un imperméable en caoutchouc et un seau plein d'eau. Calmement, il verse le liquide dans le pot de chambre. Les lumières retrouvent leur blancheur. De sa voix de marionnette de ventriloque, il clame :

— L'incendie a été dominé !

Retrouvant leur souffle, les policiers se jettent sur le manchot, le traînent jusqu'au coin sombre et le couvrent de leurs corps.

— Par notre putain de sainte mère, attention, groom ! La pierre philosophale qui gît dans son estomac lui a donné l'omnipouvoir de la Conscience suprême ! S'il dit "blattes", nous mourrons écrasés par des milliards de ces bestioles déprimantes.

Le voyageur s'agite, menaçant, dessinant avec ses mains des labyrinthes dans l'espace.

— Voilà, charognes en uniforme, je dis "porcs" ! Porcs ! Je veux ici un troupeau de porcs, avec leurs sabots, leurs soies, leurs groins, leur queue en tire-bouchon, leurs petits cris d'ange lubrique !

Recouvrant plus que jamais le groom, les policiers se mettent à trembler, prenant l'aspect d'un tas de gélatine.

— Au secours ! Fais attention à l'invasion des saints porcs, a dit le nouvel Évangile ! "La nourriture préférée du saint porc est la chair de policier !" À l'aide, sévère Junte supra-fédérale, viens nous sauver !

De la bouche du voyageur jaillit une épaisse écume. Les veine de son cou, tant elles sont gonflées, semblent sur le point d'éclater. Sa voix devient aussi aiguë qu'une aiguille interminable.

— Des porcs ! Je veux des pooooooorcs !

Le groom, se frayant un passage au milieu du tas effrayé, sourit insidieusement, tend les doigts de sa main et s'évente.

— Trève de plaisanteries, camarades ! Cet imposteur n'a rien avalé ! La seule chose qu'il a fait apparaître, ce sont les poux qu'il a sur sa tête ! En fait, nous nous sommes trompés de chambre. Les trésors alchimiques sont déposés dans le minibar de la chambre voisine.

Comme si cela le protégeait, le voyageur s'empresse d'enfiler à nouveau son pardessus poussiéreux.

— Faux ! Je les ai avalés ! La preuve : j'ai dit “feu” et le pot de chambre s'est enflammé !

Le petit manchot se dresse sur la pointe des pieds et donne une tape méprisante sur le front du client.

— Imbécile ivrogne, les lucioles abondent par ici... Tes urines sont tellement pleines d'alcool que l'étincelle de l'une d'elles les a enflammées. Quant à vous, policiers crédules, ne perdez plus de temps ici. Il y a un client enfermé dans la chambre voisine. Il est possible que ce soit un espion des kabbalistes…

On entend hurler la sirène d'alarme de l'autre minibar. Le groom s'arrache les cheveux.

— Oh, ce que nous craignions tant est arrivé : un fils de vierge mauvaise a forcé notre minibar ! Vite, allez et enfoncez la porte avant qu'il n'avale les objets alchimiques sacrés !

Buttant contre le voyageur et le jetant à terre, les policiers, suivis du groom, sortent en courant. On les entend donner des coups de pied à une porte et la faire tomber. L'homme se lève, secoue son pardessus en provoquant un nuage de poussière qui se répand jusqu'à voiler toute la chambre, il va s'asseoir sur le lit, regarde fixement sa main gauche ouverte. Il dit d'un ton solennel :

— Rosa !

Il attend en vain que sur sa main apparaisse une rose. Il remplit d'air ses poumons et crie :

— Rosaaa !

Rien. Il crie encore plus fort, répète plusieurs fois « Rosa ! » et enfin, épuisé, s'étend à plat ventre sur le lit. La tête enfoncée dans l'oreiller il pleure comme un enfant. Tandis que ses lamentations déchirantes se dissolvent dans le nuage de poussière, une rose commence à pousser dans le pot de chambre. La tige se dresse lentement. La faible lumière de la chambre, comme attirée par un aimant, se concentre sur la fleur. Dans la pénombre, le voyageur continue à pleurer.

Les larmes d'or

Lorsque l'extraordinaire et heureux phénomène se produisit, chaque membre de la famille exposa une croyance différente à propos de son origine. D'après doña Luisa, la mère, c'était à cause d'une libellule dorée qui avait piqué l'enfant au front ; d'après don Luis, le père, le petit avait avalé les graines d'un coing radioactif ; d'après la grand-mère, veuve, c'était parce qu'à la messe, au cours du dernier tremblement de terre, la statuette de saint Jacinthe était venue s'écraser sur la tête de Dominguito ; d'après frère Maurus, l'oncle maternel, un moine bénédictin, chaste non seulement des parties honteuses mais également des cinq sens, le phénomène était dû à l'ingestion d'une hostie miraculeuse. Enfin, d'après Nicomède, l'oncle paternel, un ivrogne invétéré, la chose s'était produite parce que le petit garçon avait un ange gardien pédéraste… Quelle que soit la cause, le fait est qu'un matin Dominguito se réveilla en pleurant des larmes d'or.

Don Luis crut que c'étaient des purulences, mais, étant donné leur dureté et leur absence de puanteur, il eut des doutes. Il les entassa dans une coupe et les porta à la joaillerie la plus proche. « C'est de l'or de 24 carats, c'est-à-dire pur ! l'informa le joaillier. Je vous l'achète tout. » Diable, ce petit tas de billets lui permettrait de payer le loyer de l'appartement pendant au moins trois mois ! Il revint en courant pour interroger son fils.

— Dominguito, qu'as-tu rêvé ? As-tu fait un cauchemar ? Crois-tu que si tu te rendors tu le feras encore ?

Dona Luisa, la grand-mère et les deux oncles (frère Maurus, informé du miracle par téléphone, avait pris sa moto et était immédiatement accouru dans la chambre à coucher), entassés derrière don Luis, jetèrent, comme lui, des regards anxieux au petit.

— Je ne sais pas… Je ne me souviens pas… Je ne rêve pas… Emmenez-moi à l'école…

— Enfant désobéissant ! Nous t'avons dit de te rendormir !

— Mais j'ai déjà dormi toute la nuit… Je veux me lever…

— Nooon !

Le garçon se démena, mais les dix mains de la famille l'obligèrent à rester couché. Dominguito se mit à pleurer. Deux fleuves de larmes d'or jaillirent de ses yeux.

Les adultes recueillirent le précieux métal en criant de bonheur. L'enfant n'avait besoin ni de dormir ni de rêver ; quel que soit le motif des pleurs, les gouttes dorées jaillissaient.

Pour le prouver, une fois qu'il eut cessé de se lamenter, ayant pris un bon petit déjeuner et préparé livres et cahiers pour aller à l'école, Nicomède le gifla violemment. Ô merveille, les larmes d'or se remirent à jaillir ! Miam ! Avec une gifle par semaine ils pourraient vivre comme des rois !

Ils vécurent quatre mois d'euphorie. Si le coup sur la joue était bien donné – calculé, cela va de soi, pour ne pas lui briser une dent –, il produisait une demi-heure de pleurs intenses, autrement dit une fortune… Ils déménagèrent pour un huitième étage, trois cents mètres carrés ; ils renouvelèrent leur garde-robe, des chaussures aux chapeaux ; ils inaugurèrent un congélateur rempli de quatre cents kilos de bifteck argentin ; ils purent exhiber une camionnette dernier modèle. Quant à Dominguito, il n'eut pas à se plaindre. S'il est vrai que le matin son visage était parfois marqué de taches violettes, il recevait en échange de pleins paniers de jouets.

Le problème survint le cinquième mois : l'enfant, s'habituant aux châtiments, ne se défit pas uniquement de la surprise et de la peur ; parallèlement, il prit goût à la douleur.

Plus la gifle reçue était forte, plus grand était son sourire.

— Qu'allons-nous faire maintenant ! chantonna frère Maurus. Le freluquet est devenu masochiste ! Regardez, je lui pique le mamelon avec cette aiguille et il ne réagit pas ! Ne croyez-vous pas qu'il serait bon, pour lui faire imiter Notre Seigneur, de prendre trois gros clous, deux madriers, et de le crucifier ?

— Mon saint frère, répondit la mère, si on veut que la poule aux œufs d'or continue à pondre, il ne faut pas en faire un bouillon... Mieux vaut sacrifier Pepo, son petit lapin angora.

En présence de l'enfant qu'ils attachèrent sur une chaise, les paupières restant obligatoirement ouvertes grâce à du ruban adhésif, on cloua le petit animal sur le mur, les pattes écartées. N'ayant pas de lance, la grand-mère lui enfonça une fourchette dans le flanc. Ils le laissèrent se vider de son sang et agoniser tandis que Dominguito poussait des cris d'horreur. Les larmes d'or coulèrent sans interruption pendant une semaine. Pour le calmer, après avoir signé le contrat d'achat d'un magnifique terrain en bord de mer, ils lui offrirent une souris blanche… qu'ils guillotinèrent au bout de six mois. (Les larmes leur donnèrent de quoi construire une villa sur la côte.) La même chose se produisit avec le petit chien chihuahua. Cependant, lorsqu'ils voulurent lui faire accepter un chat tigré, il le chassa à coups de pied. Il fit de même avec l'écureuil, le chimpanzé et le cacatoès… Ils durent changer de technique.

Ils eurent d'abord l'idée de lui couper la phalange d'un doigt, mais comme ils se souvinrent qu'il était devenu insensible à la douleur physique, ils décidèrent de le torturer mentalement. Don Luis tacha son costume et sa tête de sang de poulet, il se coucha au milieu de la rue, laissant un tas de tripes de vaches dépasser de sa chemise. Aux cris de doña Luisa : « Ton père a été renversé par une voiture ! », l'enfant sortit de la maison, vit l'homme étendu, devint plus blanc que ses chaussettes et se mit à pleurer. La grand-mère et les oncles recueillirent jusqu'à la dernière larme dans une corne de cristal. Alors don Luis se leva en riant, au milieu des éclats de rire de toute la famille. « C'était une blague, idiot !... » Mais Dominguito n'était pas aussi bête qu'ils l'auraient souhaité. La fois d'après, quand frère Maurus apparut écrasé par sa moto, avec une cervelle de veau à côté de sa tonsure, il s'approcha en riant du faux mort et lui pissa sur le visage.

La famille, désespérée – les affaires déclinaient, faute des précieuses larmes–, perdit la tête et fit des tentatives absurdes : surprendre l'enfant en lui montrant des photos pornographiques dégénérées ; engager des acteurs déguisés en Momie, en Dracula et autres monstres, pour qu'ils viennent la nuit grogner en poussant les fenêtres ; menacer de le jeter, au zoo, dans la fosse aux lions ; la mère finit par promettre, étant donné sa sécheresse oculaire, de se couper le cou avec un couteau… Rien ! Comme du cuir, l'esprit de l'enfant s'était endurci : jamais plus rien ne le ferait pleurer.

Le monde réel, de même que celui des songes, survient comme une danse au cours de laquelle les hasards arrivent exactement au bon moment : le bruit que l'enfant pleurait des larmes d'or se répandit et on finit par l'enlever. La famille attendit près du téléphone, prête à payer la rançon que les bandits exigeraient, mais aucune sonnerie ne se fit entendre au cours de ces longues journées. Privés de matière première, certain que jamais plus ils ne reverraient leur source de richesse, ils planifièrent avec un immense chagrin de vendre leurs biens si chèrement acquis.

Pendant ce temps, les supposés bandits, qui en réalité étaient un honnête apothicaire et sa femme, en voyant que les applications d'acide sulfurique sur la plante des pieds n'émouvaient pas l'enfant, décidèrent de le faire pleurer de misère. Ils l'emmenèrent dans un village très pauvre et jetèrent une brioche au milieu d'un groupe d'enfants squelettiques, en guenilles. La bagarre sauvage qui éclata entre eux, chacun essayant de s'emparer du petit morceau, attrista tellement Dominguito que les digues de sa rancœur s'ouvrirent et que ses larmes se mirent à couler : elles n'étaient pas d'or cette fois, mais de miel. Un miel plus doux que celui des meilleures abeilles. Les petits pauvres, heureux, lui léchaient les joues – une goutte suffisait pour les nourrir toute la journée – et lui pleurait et pleurait. La douce matière guérit un pauvre qui pouvait à peine respirer à cause d'une affection des poumons ; un autre fut guéri de la gale ; un paralytique qui s'en enduisit les jambes se mit à marcher ; toutes les maladies cessèrent. Les apothicaires, craignant d'être lynchés, n'osèrent pas emmener de là le garçon enlevé. Par une lettre anonyme, ils firent savoir à la famille l'endroit où il se trouvait. Les parents, la grand-mère et les oncles arrivèrent aussi vite qu'ils purent, à la tête d'un détachement de carabiniers. À coups de bâton, ceux-ci éloignèrent les pouilleux gourmands et délivrèrent le précieux enfant.

Assis autour de la solide table familiale, tandis qu'ils imaginaient toutes sortes de plans pour embouteiller les nouvelles larmes et les vendre un bon prix en tant que panacée infaillible, ils entendirent Dominguito leur parler d'une voix d'adulte :

« Chers parents, je vais pleurer pour la dernière fois : mes larmes vous donneront la vie éternelle ! » Une fois encore il se mit à expulser des gouttes de miel. Les langues avides de ses parents léchèrent ses paupières. Savourant tant de douceur, ils tombèrent en extase. Peu à peu, ce mets les paralysa. Enfin morts, ils entrèrent, comme l'enfant l'avait promis, dans la terrible vie éternelle.

Épistémologie

Avec tristesse, le caméléon prit conscience que, pour connaître sa véritable couleur, il devrait se poser dans le vide.

Zipelbrum

Lorsqu'on trouva sa chambre déserte, personne n'y attacha d'importance. La propriétaire dit : « Le locataire du 13 a disparu. » Ils continuèrent à manger. Un pensionnaire renversa le riz sur son armure. Tandis qu'il la nettoyait, un domestique en profita pour commenter : « Je savais que cet Octavio allait disparaître ; c'est pourquoi je me souciais peu de nettoyer la chambre. » Ils continuèrent à manger.

À l'université, Octavio s'était fait mal voir parce qu'il n'assistait pas aux cours d'Alchimie et de Lance ; le corps enseignant en vint à le mépriser et l'Abbé lui refusa l'entrée au Centre de recherches phonétiques. Il ne méritait pas d'être rejeté : c'était un bon étudiant, mais pas dans les matières qui intéressaient les autres.

Il avait inventé une théorie : « La Voix ne naît ni des cordes vocales ni de l'air qui les agite. Elle existe sans que personne ne la produise. Simplement, elle est prisonnière dans les muscles de la gorge et dépend de la volonté... Je veux la libérer. Faire qu'elle sorte par n'importe quelle partie du corps : un œil ou une main. Cela obtenu, je veux la rendre indépendante de ma volonté. Alors elle résonnera quand et par où elle voudra. Moi, je l'entendrai. »

Il quitta la Cité universitaire et loua une chambre dans une pension. Comme il ne se montrait pas dans le couloir, on finit par l'oublier. Le domestique ne s'occupait pas de lui. Son lit fut envahi de parasites et il dut s'habituer aux privations : il pouvait rester des semaines à mâcher du pain sec et à boire de l'eau. Il n'avait même pas besoin de dormir ; fiévreux, il veillait, travaillant selon ses méthodes.

Longtemps après, lorsque, comme les rats d'un bateau en train de couler, les bestioles l'abandonnaient peu à peu parce qu'elles n'avaient rien à sucer sur sa peau sèche, il trouva ce qu'il cherchait. Cette nuit-là, en rongeant son pain, il se blessa avec la croûte et émit une exclamation qui sortit d'une jambe. Fou de joie, il courut nu dans la rue… Personne n'y prêta attention. Ils continuèrent à manger.

Octavio, tout nu, ne pouvait aller loin. Les pavés de bois se gonflaient en absorbant la pluie. Les clés suspendues devant la corporation des maîtres serruriers sonnaient, agitées par le vent de la mer ; en même temps se balançaient les publicités au néon des boissons gazeuses. Derrière les vitraux, les filles, près du téléphone, jouaient du luth et, au loin, les fleurs des orangers nains parfumaient l'air agité en dehors des murs de la ville, tandis qu'Octavio continuait, pieds nus, à marcher sans but et à parler par toutes les parties de son corps, y compris les secrètes.

Bientôt la basse température le renversa. Il tomba devant une porte vermoulue. Maese Brumstein l'entendit.

Maese Brumstein fabriquait ses bottines à la main. Puis il les vendait à crédit ; personne ne lui donnait plus que la moitié du prix indiqué. Lorsqu'il allait percevoir le solde, ils refusaient de le payer, objectant que la chaussure était de mauvaise qualité. Si le cordonnier insistait, on lui donnait une bouteille d'eau-de-vie et on le chassait à coups de bâton. Le vieux revenait à la cordonnerie ; en pleurant il avalait l'alcool et, ivre, appelait son dieu, Zipelbrum, marionnette en bois à voix humaine qui un jour allait venir pour lui donner le bonheur.

Il entonnait ses psaumes lorsqu'il entendit frapper à la porte. « Qui interrompt ma prière à cette heure ? Je vais aller voir. » Il vit Octavio allongé. Il sentit des frémissements, des picotements dans les yeux, des bourdonnements dans les oreilles. La langue sèche, il dit :

— Zipelbrum est arrivé !...

Octavio avait la peau si dure qu'on pouvait facilement la prendre pour du bois.

Maese Brumstein fit entrer l'évanoui, saisit un marteau, le cloua sur le mur, alluma trois bougies devant lui et attendit.

Lorsqu'il se réveilla, Octavio crut qu'il rêvait. Il se retrouva cloué, dans une pièce obscure pleine de bouteilles vides, de morceaux de cuir et de formes en plâtre, devant un vieil ivrogne à genoux qui pleurait en se frappant la poitrine avec une chaussure à moitié terminée.

— Qui es-tu ? demanda-t-il.

— Il a une voix humaine ! Il parle sans ouvrir la bouche : il est en bois. Zipelbrum : je savais qu'un jour tu viendrais m'apporter le bonheur !

— Quel bonheur attends-tu de moi ?

— Qu'on me paie mes dettes !... C'est bien ça ? Si on me les paie, j'aurai de l'argent. Si on a de l'argent, il est préjudiciable de se saouler. Le bourgmestre viendra et il me fera un sermon, un gendarme viendra et il me mettra des amendes ; les voisins viendront me demander d'entrer au club des maîtres abstèmes ; ils me rendront la vie impossible et alors je ne pourrai ni boire ni chanter mes psaumes en demandant que tu viennes parce que tu es ici... Que vais-je chanter maintenant ? C'était ça mon bonheur. Tu dois me dire, toi, ce que sera le nouveau.

— Je ne sais pas ce que peut être le bonheur pour toi, puisque je suis chez toi.

— Ou tu me le dis ou je te frappe ! dit maese Brumstein en sortant un fouet.

— Crois-moi, je ne sais pas, répondit Octavio effrayé.

— Zipelbrum sait tout ! cria le vieux, et il se mit à le fouetter.

Il frappait avec une telle fureur qu'Octavio commença à se plaindre à travers tous ses pores. Ces lamentations excitèrent encore le cordonnier qui, buvant de l'eau-de-vie et maniant le fouet, menaçait de continuer à frapper pendant des heures.

— Maintenant j'ai de quoi faire quand je bois : je fouette mon seigneur Zipelbrum !

Ce nouveau chant n'était pas mystique, il était sensuel.

Quelque chose se produisit en Octavio. Épuisé, il avait cessé de crier et, cependant, sa voix résonnait à travers ses viscères.

— Merci, maese Brumstein ! La Voix s'est libérée de ma volonté !

Le cordonnier était perplexe. Il se mit à réfléchir. Au bout d'un moment il s'approcha du corps d'Octavio et appuya une oreille. Il sourit. « Ce chant doit être pour moi ! »

Il prit un couteau et, le plongeant dans le corps de son dieu, il l'ouvrit. Octavio voulut demander : « Maintenant que j'y suis arrivé, ne me l'enlève pas », mais il n'avait pas de voix pour le dire. Elle vibrait comme un jeune animal, en toute liberté.

Elle abandonna le cadavre de son ancien maître, parcourut la chambre, puis sortit par la fenêtre et se perdit au loin.

Maese Brumstein l'entendit s'éloigner. Il but une dernière gorgée, décloua les restes, les traîna au fond de la maison et, grimpant sur la clôture, laissa tomber le corps ouvert dans la cour de son voisin. Sept grands chiens s'approchèrent.

Alors qu'il s'apprêtait à dormir, maese Brumstein s'exclama :

— Ce n'était pas Zipelbrum !

Le paresseux

Année après année, le vieux moine tibétain, dans sa retraite enneigée, faisait tourner, somnolent, son moulin à prières. Poussé par une main molle, le gros cylindre tournait et tournait, envoyant vers le ciel la vibration de ses lettres sacrées. Comme Dieu récompense les efforts et non la paresse, lorsque l'heure de la mort arriva, il offrit le ciel au moulin à prières et envoya le moine en enfer.

Un mari qui rampe

Ne pas approfondir ce qui est sur moi ? Ne pas examiner ce qui est plus fort que moi ? Ne pas tenter de connaître ce qui dépasse mon intelligence ? Étudier ce que je peux savoir et ne pas me préoccuper de choses mystérieuses ?... Je n'accepte pas cette idée. Je veux soulever un coin du voile. La lucidité, je vous prie ! Cependant, d'innombrables théories me viennent à l'esprit, mais il m'est impossible d'éclaircir quoi que ce soit. Est-ce l'une de ses expériences ? Un piège ? Fait-il cela pour ne pas s'ennuyer ? Faut-il réagir autrement ? Cela n'a pas de sens ! Il doit y avoir une explication ! Je vais me remémorer les faits. Il est possible que m'ait échappé un détail qui est la clé.

Je reçois un message d'Emiltik, dans lequel il me demande d'aller le voir parce qu'il a des informations importantes. Je ne m'inquiète pas ; je suis habitué aux missives qu'il m'envoie pour me communiquer des informations importantes... Avant, je me précipitais chez lui, perdant une chaussure dans la course. (Les chaussures me sont rendues dans une boîte noire par Manuel-manuel, l'employé d'Emiltik.) En chemin, cela m'angoissait de devoir recevoir des révélations primordiales, souffrant comme je souffre d'un bégaiement auditif qui me fait entendre et cesser d'entendre de manière intermittente. J'arrivais chez Emiltik. Il me recevait en bâillant.

— Quelles sont ces informations ?

— Oh, Jonás Papiansky ! Je m'ennuyais, comme d'habitude, quand je me suis dit : « Nous sommes des êtres isolés... (*je n'entends pas*)... nous rendre compte seulement de quelque chose... (*je n'entends pas*)... croyant que cette mie est le pain tout entier... (*je n'entends pas*)... Ta femme... (*je n'entends pas*)... nous ne pouvons pas parler, mon fils... (*je n'entends pas*)... c'est la fin !

Et il se mettait à pleurer sur mon épaule. Je suis faible. Extrêmement influençable. Moi aussi je me mettais à pleurer. Nous restions ainsi, larmoyant et hoquetant jusqu'à fort tard. Soudain, Emiltik s'interrompait et bâillait :

— Josanito, je m'ennuie, je dois réfléchir à une autre théorie...

Et, posant un baiser sur ma bouche, il me renvoyait. Moi, défait, je rentrais chez moi. Je continuais à pleurer sans pouvoir dormir. Costilla, ma femme, me suppliait :

— Je t'en prie, arrête. Le matelas est inondé. Nous allons prendre froid.

Je ne pouvais m'arrêter. Nous nous réveillions trempés, en éternuant. De plus, chaque fois que je revenais après avoir entendu une nouvelle thèse emiltikienne, je trouvais Costilla changée. Si en partant je la laissais mince, grande, avec des yeux bleus, en revenant je pouvais la voir grosse, petite, avec des yeux noirs.

Les transformations de ma femme sont innombrables. Heureusement, la coupe de sa robe reste la même, bien que la couleur du tissu change, passant du vert au rouge, du rouge au jaune, du jaune au blanc et du blanc au vert.

Voilà pourquoi je ne m'inquière pas en recevant le message. Je décide de ne pas y aller. Il m'appelle au téléphone. J'entends sans difficulté :

— Cette fois, c'est urgent, Jonasín ! Cours !

Je suis faible. Extrêmement influençable. Je sors en courant. Manuel-manuel s'approche et me remet une boîte noire contenant une chaussure d'enfant.

—Vous l'avez perdue il y a longtemps, j'ai eu du mal à la trouver, monsieur.

Je le remercie. Il s'en va. La boîte me gêne. Je la lance dans un puits. J'arrive chez Emiltik. Il se jette à mon cou. Il me traîne au salon.

— Quelle théorie, Papiansky, écoute… (*je n'entends pas*)… magique !… (*je n'entends pas*)… trois personnes identiques qui ne se connaissent pas… (*je n'entends pas*)… trop intime… (*je n'entends pas*)… ta femme, mon fils !… (*je n'entends pas*)… notre situation invariable…

— Ça suffit, Emiltik ! Je te déteste. J'aimerais pouvoir t'assassiner. Encore une fois, tu m'as fait venir juste pour me raconter une théorie et tuer ton ennui. Je quitte cette maison complètement fâché. Adieu.

Décidé, j'ouvre la porte. Emiltik m'arrête. Il m'emmène à nouveau au salon. Il s'assoit. Il m'assoit sur ses genoux. Il pleure. J'entends sans difficulté.

— Jonas, c'est toi qui l'as voulu. Révéler le secret. Ah, ah !

J'essaie de me lever parce qu'il me mouille le cou avec ses larmes. Il me retient par le fond de mon pantalon.

— Abrège, Emiltik. Quel est le secret ?

— Costilla te trompe !

— Non !

— Si ! Chaque fois que tu viens me voir, quelqu'un profite de ton absence pour s'introduire dans le lit de ton épouse. L'androgyne me l'a dit. En ce moment, ils doivent déjà être installés dans le lit matrimonial ! Surprends-les, Jonasillo !

Il me jette à la rue. Tandis que je cours vers mon foyer, il me crie en bâillant :

— Oh ! Pense à ma fable de l'alpiniste et du pilote d'hélicoptère !

Je suis faible. Extrêmement influençable. Je m'arrête et pense à la fable.

« Un alpiniste mit trois jours à escalader une montagne, mais, arrivant au sommet et voyant la beauté du paysage, il considéra que ses efforts étaient payés… Un pilote d'hélicoptère rit :

— Il me suffit de faire marcher mon appareil et en une minute je suis en haut sans m'être inutilement fatigué.

Ce qu'il fit. Lorsqu'il fut à côté de l'alpiniste, il lui dit :

— Je ne sais pas ce que tu trouves de beau à ce paysage insipide ! »

Je me dis : « Emiltik a raison. Je vais rendre mon arrivée à l'alcôve la plus difficile possible. Au lieu de courir, je vais ramper. En me traînant, j'obtiendrai le plaisir du châtiment au prix d'un immense effort. » Je me m'allonge et commence à ramper. Par réflexe, je veux m'aider de mes extrémités. Je me l'interdis. Ce n'est pas permis. Je ne dois employer que les ondulations de la colonne vertébrale.

Au bout de quelques heures, j'arrive dans mon jardin. Ma chemise est en lambeaux. Le gazon vient d'être arrosé ; je me couvre de boue. J'éternue.

Quelle forme peut bien avoir Costilla en ce moment ? De quelle couleur peut bien être sa peau ?

Un pied touche mon dos. Je regarde en l'air. C'est Manuel-manuel. Il est trempé. Son uniforme, rendu transparent par l'eau, me permet de voir ses sous-vêtements raccommodés.

— Votre chaussure, monsieur. J'ai senti sa piste jusqu'au bord du puits et j'ai dû plonger pour la trouver. Nous nous sommes… (*je n'entends pas*)… elle appartient au pied gauche.

Il fait un clin d'œil en me montrant la boîte noire. Il la pose près de ma tête et s'en va. Je pousse la chaussure d'enfant et son urne avec le front, ce qui m'empêche de voir où je vais. Je creuse et l'enterre. Je continue à ramper. J'arrive devant une fenêtre. Je grimpe. J'entre. Je me rends compte que je me suis trompé de chemin à cause de la chaussure et que je suis arrivé dans la chambre de l'androgyne.

L'androgyne me voit. Avec sa voix de femme, sa moitié de corps féminin s'agitant passionnément tandis que la partie masculine somnole, il se jette sur moi :

— Jonás, enfin ! Je t'ai attendu pendant tant d'années ! Mais je savais que tu allais venir. Toi aussi tu m'aimes !

J'entends sans difficulté. Il essaie de m'embrasser. Je m'enfuis. La pièce est grande. Je mets du temps, en rampant, à atteindre la porte. Je vais sortir. Il me prend par un pied. Me serrant contre son seul sein, il tente de se renverser avec moi. Il voit que j'ai le corps couvert de boue.

— Pauvre de toi, Costilla te soigne bien mal ! C'est parce que… (*je n'entends pas*)… te laver.

Il va à la salle de bains chercher de l'eau et du savon. De nouveau j'essaie d'atteindre la porte. Je vais sortir. Il m'attrape par une jambe. Je suis traîné au centre de la pièce. Il me déshabille. Il se met à me savonner. Il me couvre le visage de mousse, m'empêchant de respirer. Chantant à tue-tête, il m'enveloppe dans une serviette et me sèche avec tant de force qu'il m'écorche. Je veux crier et ne peux pas. Il finit de me frotter. Il me prend par le cou.

— Désormais, mon Jonás, ensemble pour toujours (*j'entends sans difficulté*).

Il se jette sur moi. Je suis perdu. Que faire ?

Une boîte noire tombe par la fenêtre. La tête de Manuel-manuel apparaît. Il a retrouvé une chaussure !

L'androgyne me lâche et, furieux, lui demande ce qu'il veut. Nu, je rampe vers la porte. Je fais un effort suprême. Je sors à temps pour me libérer de sa main, qui veut de nouveau m'attraper. L'un de ses longs ongles vernis de vert se casse. Rapidement, je m'éloigne par le couloir.

Son corps immense convulsionné par les sanglots, il me crie :

— Tu as assassiné la femme qu'il y avait en moi ! Je serai un homme et jamais ... ! (*Je n'entends pas.*)

La partie féminine s'endort. Le côté masculin ferme la porte en me regardant avec indifférence.

J'arrive devant l'alcôve matrimoniale. La porte est ouverte. Je rampe à l'intérieur. J'avance prudemment, j'arrive au lit et m'y introduis. Je trouve ma femme en compagnie d'un monsieur barbu qui me regarde sans surprise. Je ne le connais pas, mais son corps m'est extrêmement familier. Je ne sais que faire. Costilla, au lieu de m'aider, se met à maigrir. Je choisis de sortir ma carte du guéridon et de la présenter avec le plus de dignité possible.

L'inconnu reçoit ma carte, la range sous l'oreiller et ne dit rien. Une heure passe. Il persiste dans son mutisme. Je n'ose interrompre ses pensées. Costilla est sèche, comme morte. Une autre heure passe. Cela devient insoutenable et il ne fait pas mine de parler. Deux heures de plus passent. J'admire le calme de l'intrus. Je suis faible. Je l'admire.

Le corps de Costilla se met à enfler. Une autre heure passe. L'autre et moi devons nous accrocher à elle pour ne pas tomber. Nous sommes tout au bord du lit.

Soudain, à mesure qu'elle se dégonfle, ma femme hurle :

— Un plus un plus un égale un !

Comme poussés par les ressorts du sommier, le barbu et moi bondissons et nous donnons des coups de poing dans le ventre ; nous nous griffons la poitrine. Nous nous mordons le nez. Nous nous punissons symétriquement.

Ma femme ne cesse de hurler. Nous nous énervons. Nous rassemblons nos forces et, nous saisissant par le cou, nous commençons à nous étrangler. Mais il se passe quelque chose qui nous oblige à nous arrêter : chez l'autre, la barbe se détache et je me retrouve devant Emiltik. Comme si de rien n'était, il me dit en bâillant :

— N'approfondis pas ce qui est sur toi ; n'examine pas ce qui est plus fort que toi ; n'essaie pas de connaître ce qui dépasse ton intelligence ; étudie ce que tu peux savoir et ne te préoccupe pas de choses mystérieuses (*j'entends sans difficulté*).

D'innombrables théories me viennent à l'esprit, mais je n'arrive à rien éclaircir. Nous restons tous les trois dans le lit, muets et immobiles. La moitié du corps de Costilla me ressemble. L'autre moitié ressemble à Emiltik. Entre ces deux moitiés il n'y a aucune différence.

Emiltik a-t-il voulu appliquer une théorie ? Est-ce une expérience ? Le fait-il pour ne pas s'ennuyer ? Faut-il réagir autrement ? Cela n'a pas de sens. Il doit y avoir une explication ! Me remémorer les faits… Il est possible qu'un détail m'ait échappé, qui explique tout…

Le livre de la mort

On lui a raconté que, s'il se rendait dans une certaine grotte d'une montagne des Andes, il rencontrerait un vieille guérisseuse qui pourrait lui dire, en consultant un livre, le jour exact de sa mort.

Après avoir beaucoup réfléchi, il décida d'aller lui rendre visite. La vieille femme sortit un petit livre de l'intérieur d'un crâne décoré de bouts de miroir et lui communiqua la date fatidique : il ne lui restait que deux années à vivre.

Le visiteur poussa un gémissement d'angoisse. Puis il sourit, incrédule.

— Petite vieille, comment est-il possible que tu aies, notée dans ce tout petit livre, la date de la mort des millions d'êtres humains qui peuplent la Terre ?

— Mon fils, en vérité, je n'ai écrit ici que le nom des quelques rares personnes qui osent venir me consulter.

Mystères du temps

Quand le voyageur regarda derrière lui et vit que le chemin était intact, il se rendit compte que ses empreintes ne le suivaient pas, mais qu'elles le précédaient.

La meilleure des bicyclettes

Un jeune homme avait l'habitude de sortir avec ses amis se promener dans la campagne à bicyclette. Il aimait la terre parfumée, le vert des prairies, la couleur resplendissante des fleurs. Un jour il se dit : « Je vais perfectionner ma bicyclette afin de pouvoir voyager dans le monde entier ! » Il travailla sans répit, lui ajoutant des roues puissantes, des nouveaux mécanismes. Son ambition augmenta : « Ce sera la meilleure au monde ! » Il lui installa de gros moteurs, des phares éclairant à des kilomètres, des défenses pointues. Ce qui avait été une simple bicyclette était maintenant un véhicule plus grand qu'une maison. Le jeune homme, vieilli par son effort continu, commença à couvrir son véhicule de plaques d'or. « Ces décorations ne sont pas utiles, mais elles susciteront l'envie ! »

Un matin de printemps, ses amis vinrent le chercher.

— Viens te promener à la campagne ! Allons respirer le bon air !

Dans l'obscurité de son atelier, parmi la graisse d'essence, collé au monument doré qui avait perdu la faculté de se déplacer, le vieillard leur répondit :

— Je ne peux pas venir ! Je dois surveiller ma précieuse bicyclette !

Il remplit sa maison de pièges, d'alarmes, de canons. D'une fenêtre à barreaux, il observa les joyeuses cabrioles des cyclistes. Il s'exclama avec haine : « Comme ils n'ont rien, un de ces jours ils vont essayer de me voler ma bicyclette ! Mieux vaut que je les détruise à l'instant même avec mes canons. »

Le vampire subversif

À la tombée de la nuit, le père et la mère ouvrirent le couvercle du petit cercueil et réveillèrent leur fils pour lui raconter, une fois de plus, la mort de ses grands-parents : comme ils étaient restés hors du château plus de temps que celui indiqué, la lumière du jour les avait surpris, les changeant en cendres. Le garçonnet, montrant ses longues canines, s'exclama : « Je les vengerai ! Un jour j'éteindrai le soleil ! » Par un trou creusé dans le mur il fit sortir un tuyau avec lequel il lança un jet d'eau vers l'astre roi. Bien que le liquide atteignît des hauteurs incroyables, ses tentatives échouèrent. Il continua d'essayer. « Aussi lointain que tu paraisses, je t'atteindrai ! » lança-t-il, menaçant, au soleil. Ses géniteurs commencèrent à se moquer. « Tu es fou, tu ne pourras jamais ! Pendant des millénaires le soleil nous a réduits en poussière ; qui es-tu pour t'opposer à un brasier d'une telle puissance ? » Le garçon ne fit aucun cas de leurs remarques. Il construisit un véhicule pourvu de vitres qui ne laissaient pas passer la lumière, emporta mille litres d'eau jusqu'à une montagne et, depuis la cime, essaya d'atteindre le soleil avec son jet. Il échoua. Il continua d'essayer. En plein jour, seulement protégé par un parasol, il tira une fusée extinctrice qui explosa dans la stratosphère sans atteindre son objectif. Les parents applaudirent : « Bravo, notre fils à échoué ! Il est si désobéissant que nous devrions le chasser du château ! Pourquoi, comme nous, ne se résignet-il pas ? » Après mille tentatives infructueuses, le jeune vampire, regardant le soleil qui brillait plus que jamais, pleura : « Vous avez raison : je ne pourrai jamais l'éteindre ! Maintenant, peu m'importe de mourir ! » Et il ouvrit les bras pour se laisser calciner sans se protéger des rayons. Il ne se passa rien ! Dans la triste obscurité de la forteresse, les vieux vampires s'étonnèrent : « Notre ennemi ne lui fait aucun mal ! Il est maintenant immunisé contre le soleil ! Quelle chance ! »

Le fou et l'ermite

Fatigué de la ville, l'homme prit une houlette, un sac contenant du pain, puis il partit parcourir forêts, vallées et montagnes. Les ronces transformèrent son costume en guenilles, le soleil noircit son visage et les pierres dévorèrent les semelles de ses chaussures. Lui, désinvolte, courait après les papillons, voulant voleter comme eux. Dans la misère de son aspect, un sourire brillait. La joie de cette expression était telle que les moustiques venaient se heurter à ses dents, attirés comme par un projecteur.

Une nuit, le fou passa devant un tronc creux où vivait un ermite. En le voyant, l'ancien s'inquiéta : « Cet homme marche sans regarder le sol. Le terrain est plein de pièges, d'arbustes épineux, de précipices. Je dois le sauver ! » Il lui offrit sa lampe. Le fou voulut saisir la flamme, croyant que c'était un papillon plus intense que les autres et, se brûlant, la jeta au loin. L'anachorète, têtu comme tous les sages qui veulent absolument terminer ce qu'ils ont commencé, abandonna sa retraite pour avancer devant l'égaré, en lui éclairant le chemin. Au bout d'un moment, il regarda en arrière et se rendit compte, consterné, que le fou avait cessé de le suivre. Il le trouva enfoncé dans un marécage, moins inquiet de se noyer que de sauver les lucioles qu'il gardait dans son poing. Le vieux lui tendit une branche, le lava, le sécha et, lorsqu'il reprit sa marche, de nouveau il lui éclaira le chemin, mais au lieu de lui tourner le dos il avança à reculons… Ils arrivèrent devant un précipice. Comme il n'avait pas d'yeux sur la nuque, l'ermite se précipita dans l'abîme. Le fou, toujours souriant, courut vers les bois à la recheche d'un feu follet.

Griffes d'ange
(Histoire pornographique)

La cérémonie de l'enterrement de mon père dura d'interminables heures : le cadavre voulait absolument sortir du cercueil pour aller danser avec ses veuves. Six gardiens vainquirent sa résistance épileptique et scellèrent le couvercle. En guise de terre, ils remplirent la fosse avec le corps des veuves. Je revins seule à la ville.

Je savais que la maison de mon enfance était abandonnée ; cependant, il me fallut diriger mes pas vers elle, car elle m'appelait, exhalant une intense odeur de sperme par ses fenêtres ouvertes.

Je n'utilisais pas de coton, mais le sang menstruel, au lieu de s'écouler, se cristallisait dans mon vagin en formant un diamant rouge. Près de la porte close, mon père m'attendait. Je remontai mes jupes et déposai dans ses mains le caillot.

Avec d'ardents désirs millénaires, il s'éleva en l'air pour se mutiler et me couvrir d'une pluie de sang. « Griffes d'ange, maintenant tu es invulnérable ; tu peux explorer le passé », me dit-il. La voix jaillissait de la blessure ouverte, telle une bouche, entre ses jambes.

Lorsque je brisai les scellés et ouvris la porte, le monde disparut derrière moi. J'étais obligée d'avancer ou de rester toujours là, les talons au bord de l'abîme, torturée par mes propres désirs, ma chair vierge immobile dans l'entrée, transformant l'impuissance en plaisir, n'osant pas connaître les secrets que contenaient les innombrables chambres de cette maison… Là pour toujours, paralysée par la peur, poupée de porcelaine aux fils coupés, ma possible putain brûlant à l'intérieur de sa peau glacée, déesse aux mamelons uniquement sensibles à l'assaut de ses propres doigts et dans l'âme le désir mélancolique d'enfoncer des aiguilles dans les testicules d'un homme.

Cet ouragan qui me précipite vers la pièce au fond du couloir est l'haleine de mon père. Que sa volonté soit faite, dans son esprit comme dans ma chair !

En entrant dans l'ancienne chambre à coucher, je disparus en tant que spectatrice. Je fus deux femmes, l'une froide et l'autre brûlante, se caressant sur un matelas où bourdonnait un essaim d'abeilles enfermé… Je me pris dans les bras en même temps que je m'abandonnais… Avec un corps je donnais le plaisir, avec l'autre je le recevais… Je voulus retrouver dans la poitrine de ma fille le lait qu'elle m'avait tété dans son enfance… J'offris à ma mère mes seins et ma bouche, mais elle, au lieu de m'embrasser, me mordit… Je luttai contre moi-même pour ne pas me dévorer.

La moitié de ma personne, la partie esclave, s'agenouilla en m'offrant son dos, sur lequel je vis tatoué son minuscule passé. J'extirpai de sa nuque le centre de cette conscience où s'accumulaient toutes les limites : une clé en forme d'infini. Le présent devrait maintenant s'ouvrir comme une authentique fleur.

Vainquant la crainte que j'avais de la bête, j'ouvris peu à peu mon sexe. L'eau lubrifiante si longtemps accumulée jaillit d'abord telle une ligne cristalline pour, quand les lèvres se décollèrent entièrement, se transformer en un jet puissant. Un océan sans limites s'écoulait de mon vagin.

Je devais aussi transgresser les lois du monde en acceptant de manger et boire mon excrément et mon urine. Seule, je n'en étais pas capable. Alors arriva l'homme qui connaissait l'élégance de la saleté. Qui était-il ? Mon père, mon jumeau, mon idéal, la projection de ma propre masculinité ? Il baissa le masque qui le condamnait au silence, il n'y avait personne. Tout en lui était extérieur, telle l'image d'un dieu. En voilant sa personne, le mystère disparaissait et le secret était révélé. Le sperme n'avait même pas besoin de gésir dans l'obscurité : il jaillissait de son membre comme un arc-en-ciel blanc. Ma langue se fit le disciple de ce Maître dur.

Lui me débarrassa de la terreur incrustée dans mon ventre depuis mon enfance : me donnant à téter son lait acide, ma mère proférait, entre des hurlements de rage, le mot « Voleuse ! »... Je fus capable de traverser chacun de mes tétons avec deux aiguilles en croix pour les offrir, insolents, à l'adoration d'un baiser impossible.

De son regard, Le Maître m'indiqua : « Si tu veux parvenir à être ce que tu es vraiment, tu dois d'abord accepter que ta chair soit contaminée par l'image de celle qui t'a donné le jour. » C'était vrai : ma mère, sans se rendre compte qu'elle vivait en esclavage, soumise, amputée du désir, m'avait légué son comportement.

Le Maître m'ordonna de mettre un sceau sur mon clitoris et quatre anneaux sur mes lèvres parfumées. Lorsque j'expulserais pour toujours le fantôme, laissant mon corps à la disposition de mes caprices, à ce moment précis je devrais les enlever.

Je devais trouver dans son ventre l'endroit exact, lui enfoncer la longue aiguille en lui faisant traverser la chair, la peau d'un viscère et plus loin à l'intérieur, jusqu'à frôler un centre vital, en quelque sorte caresser sa mort sans la réveiller… Au moment culminant, quand le Maître atteindrait le plaisir suprême de la douleur maximale, devrait jaillir par la petite bouche de son pénis le cri blanc et visqueux de la vie.

Tandis que frappaient aux murs de marbre noir les larves agonisantes de la dernière éjaculation cherchant une impossible sortie, une voix intérieure me disait : « Lorsqu'on perd son visage, on n'a plus peur. »

En perdant cette identité, j'obtins mon masque et cet anonymat fit de moi l'emblème des lointaines traditions. J'étais à la hauteur du Maître.

Nos langues s'entrelacèrent comme des couleuvres aveugles, et du fond de l'histoire nous parvint la palpitation tonitruante des milliers de cœurs arrachés au sommet des pyramides et l'exaltante saveur du sang humain. Je palpai son phallus avec le respect que l'on a pour une arme assassine. Lui me caressa avec cette lance aztèque qui allait bientôt se changer en bistouri.

Sous un visage qui déjà était un masque, je restai secrète, incrustée dans le calme de ma tête de mort. Les labyrinthes digitaux, comme balayés par une brise insistante, m'effacèrent peu à peu. Comme j'étais vide, semblable à une coupe polie par un essaim de langues, je pus recevoir dans la paume de ma main le sceptre vivant du pouvoir obscur. Sa force imprégna mes cellules et me rendit sourde aux chants de sirènes de l'antique morale.

Moi qui – ayant été victime – connaissais chaque degré béni de la douleur, je pouvais à présent être bourreau. La preuve en est que je venais de couper, sans l'aide d'autrui, le bord de mes lèvres extérieures.

Derrière moi, l'esprit de cet homme qui était avant arrivé au plaisir impersonnel me poussait à éliminer la plus légère ombre de pitié pouvant obscurcir le soleil cruel en lequel s'était transformée mon âme.

Dans un amphithéâtre empli de disciples, où la médecine montrait son visage vénéneux, le Maître m'ordonna de couper son sexe pour ensuite l'injecter comme un trophée dans mon pubis.

J'étais là près de lui, brandissant le bistouri ensanglanté. Maintenant, ses organes m'appartenaient. L'assemblée masquée, pervertie par tant de connaissance, applaudissait, attendant que le rite final s'accomplît.

Avec une force irrésistible, je m'appuyais sur l'une de ses épaules jusqu'à ce qu'il plie les genoux. Je l'obligeai à toucher de son front le sol plein de caillots, je baissai son pantalon, mis à nu ses fesses laiteuses et le violai en donnant de féroces coups de hanche contre son anus qui s'ouvrit, telle une langoureuse fleur aux pétales roses, autour de mon dard justicier.

Tout était consommé. Je sus enfin que, sous le masque de cette foule d'hommes, il y avait un même visage : celui de mon père… Peu à peu, mon ventre absorba par succion le membre injecté, jusqu'à ce qu'il se transformât en vagin. Je n'avais plus peur d'être une adulte. La petite fille qui me possédait cessa de conduire ma vie. Dès lors, je fus le Guide.

Le fouet, la baguette, les aiguilles, l'exclusion de sentiments, la sévérité implacable finirent par faire de ma petite fille une femme moderne, libérée de la faiblesse que donnent les souvenirs. Les images du passé n'eurent pas plus d'importance que les feuilles sèches de l'arbre… Le programme de mon école offrait un seul thème : apprendre à vivre. Il n'y avait qu'un professeur : moi-même. Tous les jours on étudiait cette phrase : « Aujourd'hui, la discipline. »

Croyant célébrer les rites incléments de leurs ancêtres, ils entraient sur mon tapis magique pour me remettre leur volonté ; de cette soumission dépendait le seul plaisir qu'il leur fût possible d'obtenir.

En s'agenouillant devant moi, paralysés par des liens et des nœuds, ils tremblaient de peur car ils savaient que moi, à n'importe quel moment, changeant les règles du jeu, je déciderais de dévorer leur âme.

Je pouvais entreprendre le retour. Bien que la porte fût solidement scellée, les murs commençaient à craquer, annonçant un effondrement qui m'emporterait dans le fleuve de leurs décombres vers le monde extérieur, celui des autres. Mon corps exsudait des gouttes de sang… le sang du sexe de mon père. Mon ultime liberté était de me détacher de ce bouclier rouge. À présent, je pouvais moi-même m'accorder l'invulnérabilité.

J'apparus à la lumière comme une coquille de mollusque née d'une vierge. Peu à peu je traversai le village, acceptant généreusement la gloutonnerie de ces villageois qui léchaient mes seins en poussant des lamentations d'enfant. J'arrivai au cimetière : sur la tombe de mon père, un homme jeune avait étendu une couche.

« À travers d'innombrables morts je t'ai cherchée », me dit-il. Tandis que je l'embrassais, ses cheveux se transformèrent en plumes. De son crâne je vis surgir deux ailes. Les arbres commencèrent à envahir les tombes. Bientôt nous fûmes entourés d'une forêt vierge. Au lieu de chanter, des milliers d'oiseaux poussaient des gémissements de plaisir.

Mes yeux, mes oreilles, mon toucher, mon odorat, ma chair, mes os, mon essence se prolongeaient dans ma langue.

Je priai avec elle, j'implorai en caressant, jusqu'à ce que l'ange m'inondât le visage de son verbe blanc.

Je compris que le sexe de l'homme n'était pas une arme, mais un organe de bonheur. Il ne se dressait pas pour pénétrer, mais pour être absorbé.

Ayant appris à être libre, je pouvais l'accepter.

Je devins un abîme vorace.

Je le couvris, sachant que sous lui non seulement gisait mon père mais aussi, par couches successives, mes grands-parents et tous mes autres ancêtres, jusqu'à arriver au modèle parfait, le premier homme né de l'argile.

Ce que mon vagin avalait avec un plaisir infini avait des racines qui s'enfonçaient à travers la chair, les vers, les os, les cendres, en quête du souffle générateur. Au travers d'un seul, j'étais l'amante de tous les hommes et, enfin, de Dieu. Lorsque le germe de l'Éternel pénétra en chacune de mes cellules, l'extase fut si grande que le passé-présent-futur s'enfuit comme une chienne noire, me laissant convertie en un œuf blanc qui avait la forme d'une femme. Je me détachai du monde des apparences.

La nature, purifiée, se transforma en désert. Je pus me rendre compte que, bien que m'étant libérée de la mémoire, j'étais encore prisonnière du piège le plus ancien : le poids. Ce poids qui faisait de moi la sœur des roches.

J'effaçai la programmation, décollai pour toujours les pieds du sol.

D'autres énergies s'approprièrent mon être ; elles venaient d'une dimension qui jusqu'alors m'avait été invisible. Je commençai à me transformer en ce que j'avais toujours été. La coquille blanche vola en mille fragments. J'étendis mes fulgurantes membranes. Je perdis le misérable langage humain. Ma gorge… connut… de nouveaux…

Ghan odn ar dbir vahnis dgug dgyud hgzor bzan hdren seeh ehrsta suram satah !

Sommaire

Achevé d'imprimer en septembre 2006
sur les presses de l'Imprimerie
France Quercy, 46090 Mercuès

Dépôt légal : septembre 2006
N° d'impression : 61952
Imprimé en France